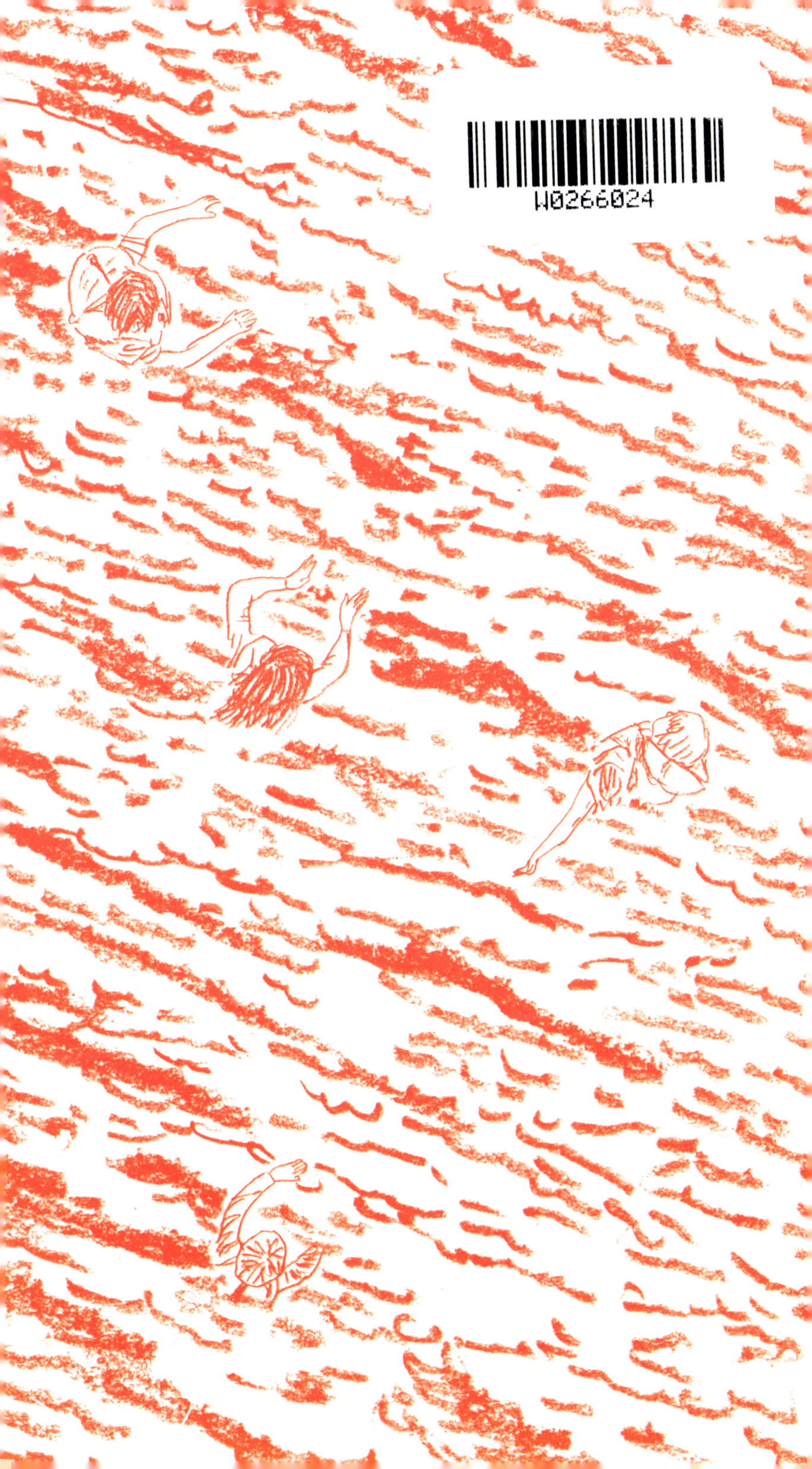

MARIE
TOM
IAN

Enfin, on y est arrivés !

Trempés, glacés, mais sains et saufs.

Pas de bagages, juste nos gilets de sauvetage et les habits qu'on avait sur nous dans l'eau, rien dans les poches sauf un téléphone rincé par l'eau de mer, bon pour la poubelle. On profite juste du soleil et du plaisir d'être là, tous les six. Le temps de souffler, de reprendre nos forces et nos esprits : c'est maintenant que l'aventure commence...

AMI LECTEUR,

Peu importe quand, pourquoi, comment on a atterri sur l'île. Ce qui compte, c'est que les quelques semaines qu'on a passées là ont été des moments inoubliables et magiques.

De toutes ces aventures, on a tiré ce livre, mais attention : c'est notre histoire, pas un manuel pratique.

Là-bas, au milieu de l'océan, on a improvisé, en toute liberté. On a parfois dû faire des choses dangereuses, des choses interdites, des trucs qui ont mal tourné ; il y a des idées qu'on a abandonnées, pour tout un tas de bonnes raisons.

Bref, une fois ce livre fermé, si tu ne veux pas te mettre en danger, et si tu ne veux pas enfreindre la loi, n'essaye pas de jouer au naufragé n'importe où, n'importe comment. Tu risquerais de mettre le feu aux arbres au pied de ton immeuble, de harponner un baigneur à la plage, de te couper un doigt ou de passer un mauvais quart d'heure dans tes toilettes avec des crampes d'estomac ! Et ne te sens pas obligé, non plus, de te balader tout nu dans ton quartier !

Voilà, c'est dit. Et maintenant, il est temps de te souhaiter bienvenue sur notre île, et bonne lecture !

MARIE TOM IAN MONA MAX FAÑCH

Ces souvenirs ont été rassemblés et présentés par Philippe Laborde et Jacques van Geen.

Avant de parvenir entre tes mains, ces carnets, concoctés par les Ateliers & Chantiers réunis pour les éditions Gallimard Jeunesse, ont traversé les océans depuis la Chine, où ils ont été imprimés par Asia Pacific en mars 2013.

Dépôt légal : juin 2013

ISBN : 9782070653089

ON PART VIVRE SUR UNE ÎLE DÉSERTE

GALLIMARD JEUNESSE

À LA DÉCOUVERTE DE NOTRE ÎLE

Par où commencer ? Où aller ? On se donne rendez-vous au même endroit, pour la fin de l'après-midi, et on se sépare, en trois groupes de deux, de chaque côté de la baie où on a abordé, et vers l'intérieur. Le but, ce n'est pas de faire une jolie carte, c'est de voir où on a atterri, et de quoi on va pouvoir vivre.

On se retrouve quelques heures plus tard : les deux groupes d'exploration de la côte ne se sont pas rejoints, donc on n'a pas fait le tour de l'île, et il reste encore à explorer !

Ce qu'on voit c'est que la côte est plutôt rocheuse, avec quelques anses abritées, du côté sud. À l'intérieur, c'est la lande, les broussailles et quelques coins boisés, et l'autre côté descend doucement vers de plus grandes plages de sable.

On n'est pas là pour se dorer au soleil... L'attrait de la plage pèse peu face à la ressource que représentent les coquillages et tout ce qu'il y a à pêcher sur les rochers : il vaut mieux rester du côté plus sauvage de l'île, où nous sommes arrivés.

Côté eau douce, la belle trouvaille, c'est un ruisseau déniché un peu à l'ouest de notre point d'atterrissage par Ian et Marie. Ils s'y sont désaltérés abondamment, contre toutes les règles de la prudence et du bon sens, mais... comme ils ne sont pas malades, du moins pour le moment, on se dit qu'avec un peu de chance, la question vitale de l'eau potable sera réglée assez facilement. On boit avidement les deux bouteilles qu'ils ont ramassées sur la plage et remplies au ruisseau, avant un frugal festin de berniques crues ramassées dans les rochers. Vite, on installe un bivouac rudimentaire pour passer la première nuit... pas vraiment réparatrice.

Le lendemain, on suit Ian et Marie vers le point d'eau : c'est à peine à une demi-heure de marche, au fond d'une crique toute resserrée, exposée au sud-est.

Comme un coup de couteau dans les rochers, cette petite vallée descend depuis la lande et les bosquets de l'intérieur, avec, en bas, quelques touffes de roseaux. Au fond de l'anse, une bande de sable, des gros galets en pagaille, et les vagues, brisées par les avancées rocheuses.

On le sent, on le sait, c'est là qu'on s'installera, le temps qu'il faudra.

LES RESSOURCES DE LA NATURE... ET LES AUTRES

L'eau, la nourriture, les animaux et les plantes... Il faudra apprendre à se nourrir avec ce qu'on trouvera. Très vite, on s'aperçoit qu'on pourra compter sur une autre ressource, dont les robinsons et autres héros des manuels de survie ne disposent pas. La marée et le vent apportent chaque jour leur lot de trésors : les ordures des autres, cette plaie des océans, seront notre quincaillerie, notre magasin de bricolage, notre fournisseur d'outils et de matériel en tout genre.

Quand la mer se retire, dès les premiers jours, dans la crique et aux alentours, on écume la « laisse de mer », la bande d'algues et d'objets flottants abandonnés par l'océan. On fouille aussi les galets, les failles entre les rochers... Tous les bouts de bois, les sacs en plastique, les tissus, les bouteilles vides, les canettes, les bidons, les gants ou les chaussures, même colonisées par les moules, les étoiles de mer et les algues, tout, tout est ramassé, trié et rangé, comme à la déchetterie... sauf que là, ce n'est pas la fin de la vie des objets en question, c'est juste un début !

C'EST EN FORGEANT QU'ON DEVIENT ROBINSON

Il va nous falloir des outils ! Très vite, Tom, Max et Ian s'essayent à tailler des pierres, à les emmancher, pour faire des grattoirs ou des haches à la mode paléolithique. C'est la grosse compétition pour essayer de se débrouiller avec quelques bouts de bois et des galets (ça doit être plus facile avec du silex !). Les résultats ne sont pas convaincants, mais on s'en sort sans blessé trop grave.

Pendant ce temps, Mona, dans un coin des rochers, bidouille un bout de palette flottée, sans rien dire. Derrière sa tignasse salée, comme d'habitude, elle a l'air très loin de l'île, de nous, de tout ce qu'il y a à faire et à construire... N'empêche, moins d'une demi-heure plus tard, c'est elle, candide, qui propose son couteau aux gars pour les aider !

La vie sur l'île sera au moins autant une affaire de gros bras que d'imagination, et à ce jeu-là, on peut compter sur le regard lunaire de la plus petite et la plus secrète d'entre nous. Dans son monde, les ordures ne sont pas des ordures, un clou n'est pas un clou... Au mieux, des petits bouts d'histoires à inventer.

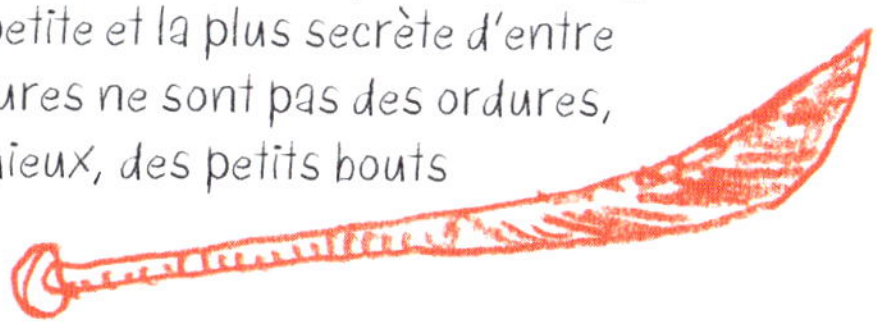

LE « CLOUTEAU », OUTIL À TOUT FAIRE

Mona a récupéré une pointe en acier dans une planche de palette en cassant le bois sur un rocher, avec un galet.

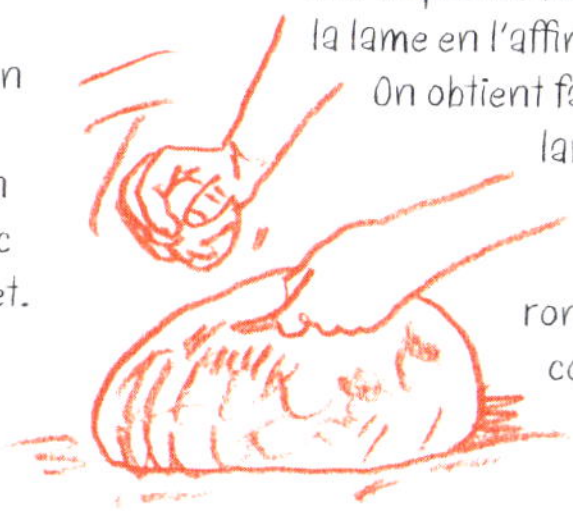

Elle a aplati le bout et formé la lame en l'affinant sur un côté. On obtient facilement une lame bien régulière en utilisant des galets bien rondouillards : un gros comme enclume, et un plus petit comme marteau.

Mona affûte la lame en la frottant sur son enclume de fortune, au grain assez fin.

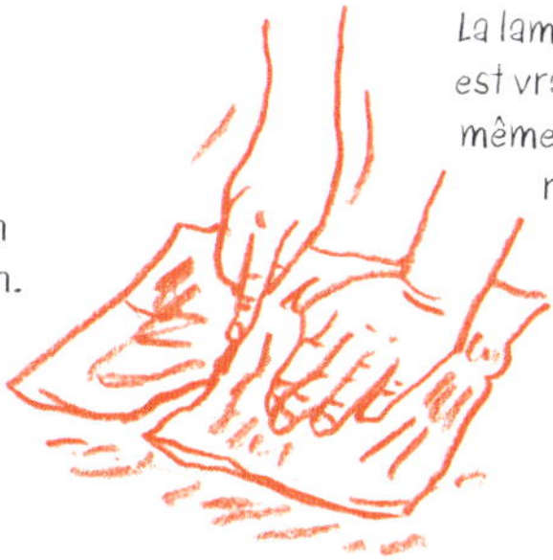

La lame du clouteau fini est vraiment coupante, même s'il faut la réaffûter souvent !

Avec la maîtrise du feu, on ira plus vite en besogne : les pointes sont faciles à récupérer dans les cendres. En plus, celles qui sont passées au feu se travaillent mieux, même une fois refroidies.

ON VOULAIT JUSTE
SE FAIRE UNE MAISON
POUR S'ABRITER DEDANS,
TOUS ENSEMBLE,
MAIS LE VRAI ABRI,
ON L'A CONSTRUIT
À L'INTÉRIEUR
DE NOUS-MÊMES.

MARIE

S'ABRITER

PREMIER BIVOUAC

Les toutes premières nuits, on prépare en hâte un bivouac de bric et de broc, en haut de la grève où on a abordé. On apprend à apprécier la chaleur humaine... Heureusement, il ne pleut pas !

Pour ne pas risquer d'être réveillés par la montée des eaux, on s'installe bien largement au-dessus des restes et des algues apportés par la dernière marée : l'ampleur des marées varie au fil du temps, mais pas de plus de quelques dizaines de centimètres par jour.

Évidemment nous évitons le fond des creux et des gorges qui peuvent paraître praticables par temps sec et bien abrités du vent, mais où l'eau monte à la première averse !

Pour un campement plus durable, il faut s'installer au-delà de la grève, sinon on risque de devoir déménager en catastrophe au premier jour de vent ou de grandes marées.

On installe le bivouac au pied d'un talus qui nous abritera un peu du vent. On creuse un trou juste assez grand pour y tenir tous allongés et on se serre comme des sardines au fond.

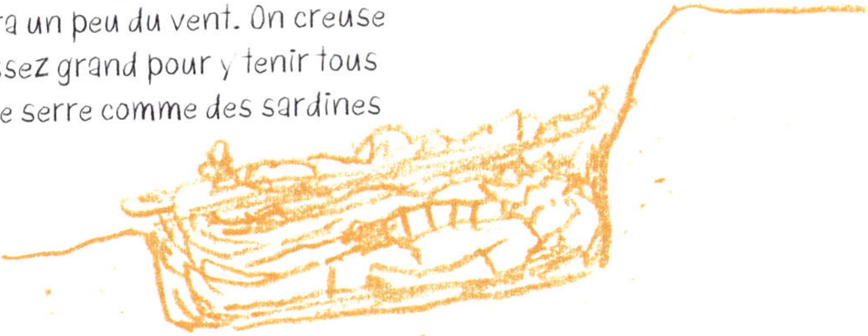

Les deux derniers à s'y glisser recouvrent la troupe de tous les tissus et bouts de bâche et de plastique disponibles, en commençant par les côtés, et en laissant juste les têtes dépasser.
Avant de nous rejoindre, ils rajoutent des branches et des fougères sur ce tas humain pour empêcher la « couverture » de s'envoler.

C'est rustique, mais par temps sec et si personne ne gigote, ça permet de tenir le coup.

Première nuit, première leçon : ça ne sert à rien de s'abriter du vent, du froid, de la pluie, si on dort à même le sol froid et humide !

Une bonne litière, épaisse et sèche, est au moins aussi importante qu'un bon toit ou des murs solides. On va se perfectionner en récoltes de fougères, d'herbes, et autres feuilles qu'on entasse sur une bonne épaisseur à l'endroit de notre couche. Quand le temps le permet, on expose notre litière au soleil et au vent pour que l'humidité s'évapore, et on l'abrite dès que le temps menace.

Les grottes en bord de mer ne valent pas grand-chose comme tanières : il y fait froid et humide, quand il pleut ça ruisselle souvent le long des parois, et ces abris sont souvent difficiles à fermer. Qui plus est, on ne sait jamais trop à quel moment un rocher va choisir de se détacher de la voûte !

On cherche le meilleur endroit pour édifier une case plus confortable : à l'abri du vent, près de l'eau douce, et pas trop loin des matériaux de construction : l'emplacement de rêve est à une vingtaine de mètres en retrait du rivage, au-dessus de la crique.

NOTRE MAISON

On défriche un bout de terrain à peu près plat et on s'y couche tous côte à côte pour déterminer la taille que notre cahute doit avoir. On trace un grand ovale sur le sol pour délimiter le chantier.

Tout autour, on creuse un petit fossé de drainage d'une vingtaine de centimètres de profondeur, ensuite comblé avec des galets, des pierres et des bouts de bois. Tout le monde s'y met, c'est un gros boulot, mais on ne le regrettera pas : c'est ainsi que le sol de la maison restera sec à l'intérieur, même sous la pluie.

LES PERCHES MESURENT AUTANT QUE LE DIAMÈTRE DE LA MAISON.

Dans les taillis, on coupe des longues perches de bois vert, fines et souples. Puis on les plante autour de la cabane, bien profond, et légèrement tournées vers l'extérieur.

Ian fait un avant-trou pour les perches à l'aide d'un pieu pointu sur lequel il tape avec un galet. C'est bien plus facile !

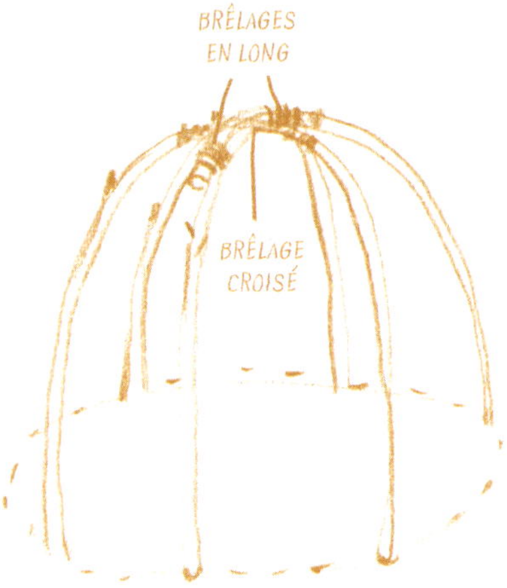

Les perches sont ensuite recourbées et attachées par le haut pour faire un dôme assez haut pour qu'on puisse se tenir debout, au milieu.

Ensuite on ceinture les perches montantes avec des branches souples, en travers.

Tout est fait de branches fines et souples, plus faciles à trouver et à couper (on les casse à la main), puis à mettre en œuvre, que des gros bouts de bois lourds et rigides. Pas besoin d'outils pour récolter les matériaux ni pour les réunir. La solidité de l'ensemble tient à sa souplesse, justement (c'est la bonne vieille histoire du chêne et du roseau). Pour finir, on peut secouer la « charpente » de notre cabane dans tous les sens : ça bouge, mais ça tient !

Ian a peur que la hutte s'envole un jour de grand vent, il insiste pour qu'on rajoute des haubans ancrés au sol.

Dans un sol ferme, une « sardine », un piquet fiché en biais dans la terre, suffit. Si nécessaire, on en rajoute deux ou trois, attachées les unes aux autres.

Dans le sable, les « sardines » ne tiennent pas. Comme les bédouins, on fixe les haubans à un bout de buisson ou de bois, enterré dans un trou.

LE TOIT

Pour couvrir la hutte, on utilise tout ce qui nous tombe sous la main : sacs en plastique, bâche, contreplaqué, restes de canot gonflable, brassées de roseaux et d'oyats. Ce qui compte, c'est que l'eau ruisselle vers le bas, et vers l'extérieur : les couches du haut doivent être posées par-dessus celles qui sont plus bas. D'où la règle : TOUJOURS commencer à couvrir le toit par le bas !

Les feuillages de roseaux, comme du chaume, doivent être posés la pointe vers le bas (à l'envers !), comme ça l'eau s'écoule bien. Il en faut une bonne épaisseur, en rangées qui se recouvrent largement, comme les ardoises d'une maison.

Si on attache les feuillages à l'envers, les filets d'eau se dispersent en gouttelettes qui s'écoulent en restant collées aux feuilles et aux tiges jusqu'en bas. Sinon, ça fait des grosses gouttes qui tombent à l'intérieur.

Le problème, quand on commence par en bas, c'est que ça devient très difficile de finir le toit, car le sommet est hors d'atteinte. Mona le fait de l'intérieur, en écartant les « chaumes », juchée sur les épaules de Tom.

POUR ATTACHER
DES BOUTS DE BOIS :

LES BRÊLAGES

BRÊLAGE EN LONG, pour élonger deux perches ou réunir les montants opposés de la hutte.

Le cordage, plié en deux et torsadé trois ou quatre fois, est disposé le long de la gorge entre les deux perches à réunir.

On entoure l'assemblage en revenant par-dessus cette « ganse », avec des tours bien serrés, bord à bord.

On passe l'extrémité dans l'œil de la ganse et on tire sur l'autre bout pour le rentrer sous les tours successifs.

On finit par un nœud plat bien serré.

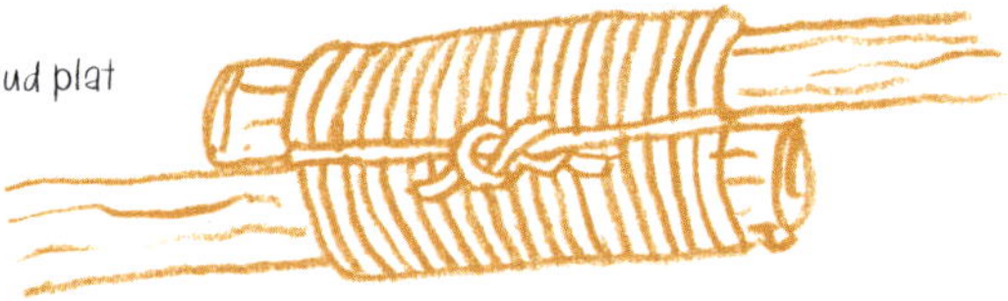

Pour un assemblage bien rigide, il faut faire deux brêlages à quelques dizaines de centimètres de distance.

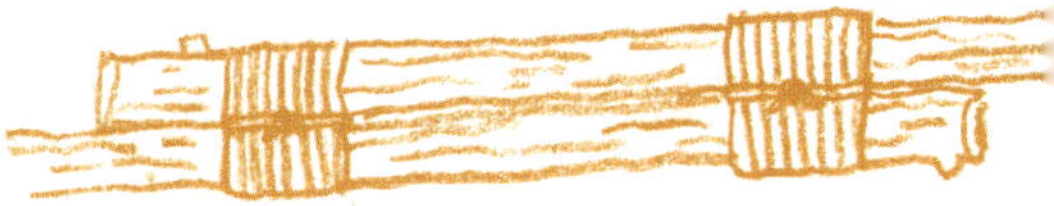

Il peut être nécessaire de resserrer les brêlages en deux fois, ou quelques jours après les avoir faits, s'ils se sont détendus. Pour les serrer bien fort, Marie se sert d'un « trésillon », un bâton sur lequel elle entoure le bout du cordage, comme sur un levier.

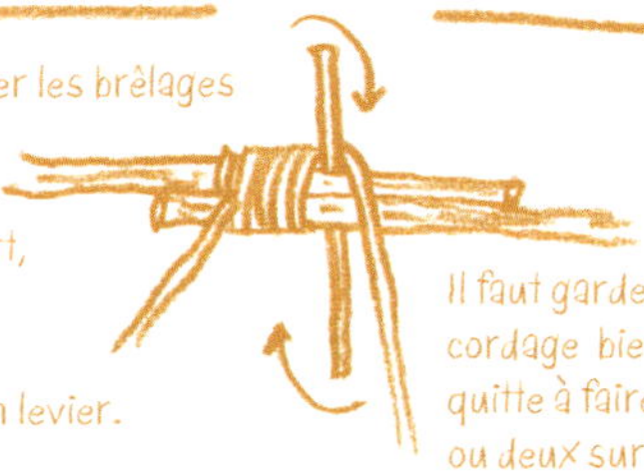

Il faut garder le cordage bien tendu, quitte à faire un tour ou deux sur le bâton.

BRÊLAGE CROISÉ, pour maintenir solidement deux bâtons qui se croisent.

On fixe une extrémité du cordage sur un des bâtons par un nœud de cabestan.

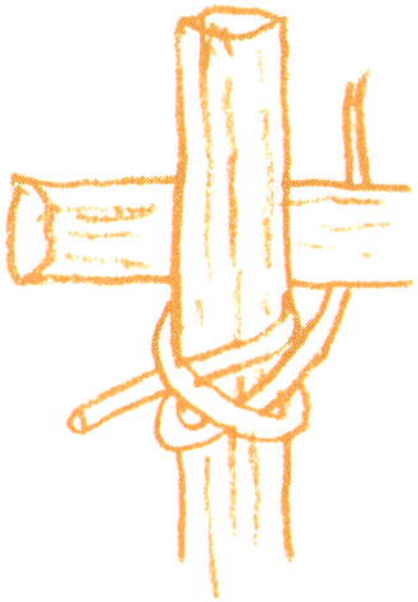

Trois ou quatre tours en passant sous l'un des bâtons, puis par-dessus l'autre...

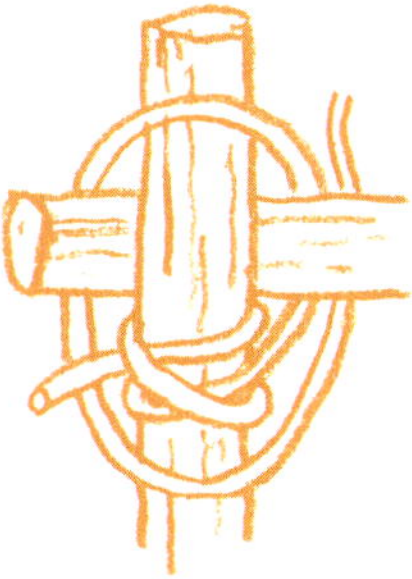

... trois ou quatre tours de l'autre côté...

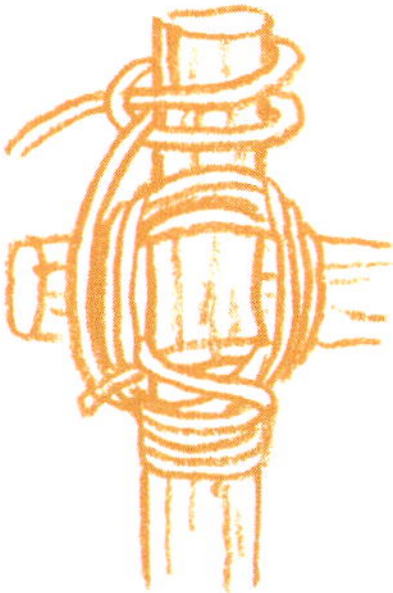

... et on peut finir par un nœud de cabestan pour bloquer l'autre extrémité.

Cet assemblage reste assez souple, mais, bien souqué, il ne glisse pas.

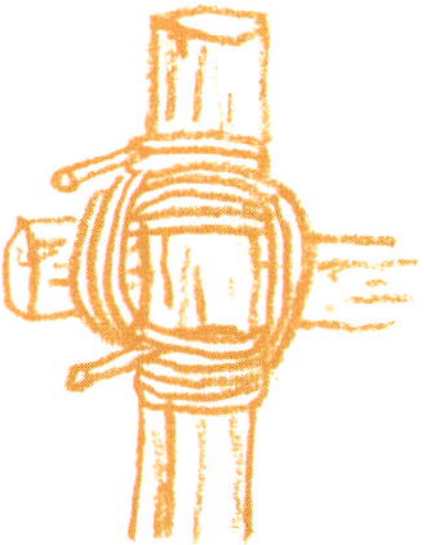

BRÊLAGE DE BIGUE, OU TRÉPIED, très utile pour les tipis... ou pour suspendre la marmite au-dessus du feu.

On dispose les trois pieds côte à côte et on commence par un nœud de cabestan sur celui du milieu.

On passe successivement par-dessus et par-dessous les bâtons, comme pour les «tisser» ensemble.

Pas la peine de souquer comme des brutes, ce brêlage se serre quand on écarte les trois pieds.

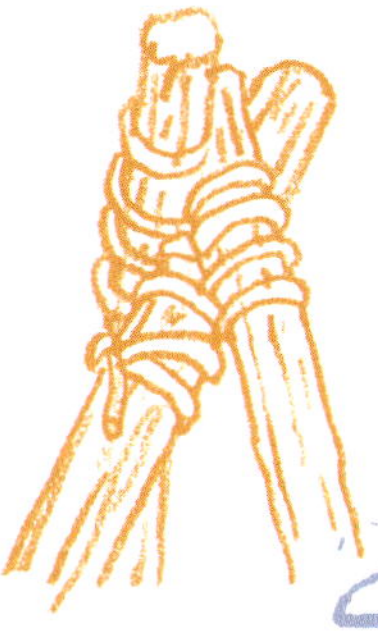

BIENVENUE CHEZ NOUS !

On a choisi de garder les bouts de plastique pour les murs, histoire de pouvoir les relever facilement quand il fait beau et les remettre en place le soir, ou si le temps fraîchit. Une exception : le sommet de la cabane, pour lequel on avait gardé un bout de canot pneumatique. On pensait qu'il faudrait pouvoir l'enlever facilement pour laisser sortir la fumée quand on ferait du feu à l'intérieur, mais Max a fait remarquer que c'était vraiment trop risqué de faire la cuisine dans cette hutte de brindilles et de feuilles qui ne demandait qu'à s'embraser !

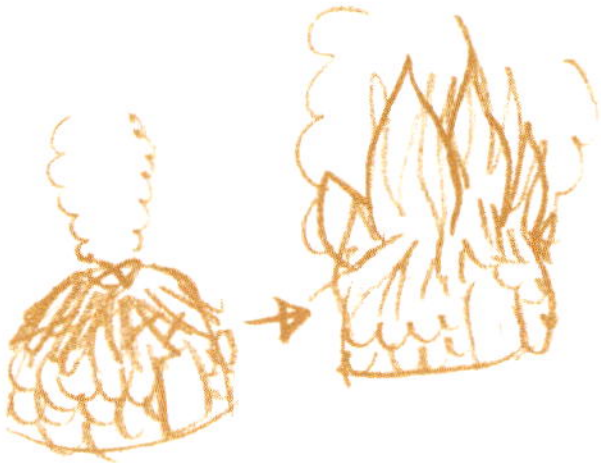

Il n'y a presque pas de fuites d'eau sous la pluie, à peine de vent qui s'y glisse quand ça souffle. On l'aime bien, on la trouve belle, notre maison... avec son allure improbable de tas d'ordures entassées au milieu de la nature.

La « porte », un sac fendu en deux, est orientée vers l'est. Comme ça la maison tourne le dos au mauvais temps, qui vient le plus souvent de l'ouest, par ici. En plus, le soleil se lève pile en face de l'entrée !

Quand le soleil donne bien, l'après-midi, la chaleur dans la maison devient intenable. Comme dans les khaïmas, les tentes des Touaregs, on roule les bas des murs quand il fait chaud, et notre maison devient un parasol bien agréable, surtout quand un souffle de brise daigne se lever...

Quand le vent tourne, on déplace le feu pour éviter qu'une escarbille ne réduise notre logis douillet en cendres.

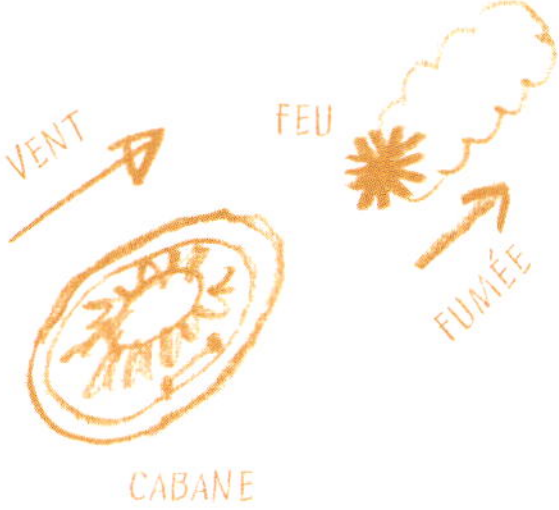

CECI N'EST PLUS UNE ÎLE DÉSERTE

Depuis qu'on a bâti ensemble ce « chez nous », on a un lieu qui nous rassemble. Notre premier vrai chantier commun. Le cœur de notre vie nouvelle bat ici. On ne se sent plus du tout comme des naufragés : maintenant, on habite notre île, ensemble.
Le premier soir dans notre nouvelle cahute, on discute longuement du nom à donner à cet endroit, qui n'a plus rien d'une île déserte.

C'est bien, les cabanes, ou les maisons — chacun les appelle comme il veut —, mais c'est du boulot ! Il ne faut pas voir trop grand. Notre case est juste assez spacieuse pour qu'on s'y serre tous, la nuit.

Le soir, surtout quand il fait mauvais, c'est la course aux meilleures places, au milieu, bien au sec et bien au chaud entre ses voisins.

On apprécie plus ou moins de se serrer les uns contre les autres comme des sardines. Ça tient chaud, certes, mais le premier qui bouge, qui se retourne…

…ou qui va pisser dérange ses voisins, dont les grognements, les protestations et les malédictions ensommeillées finissent de réveiller tout le monde.

Fañch a ses idées à lui sur la vie dans la cahute. Dans le fond, il ne veut pas de cette nouvelle maison, parce que son idéal à lui, c'est pas de maison du tout. Le soir, il préfère se coucher à l'écart, sur sa litière, avec un bout de bâche comme couverture. Selon lui, on se complique la vie à recréer un petit confort « comme à la maison » alors qu'il s'agit de jouir de la mer, du vent, du soleil... et des étoiles. Il est assez têtu pour rester dehors sous le crachin, alors qu'on l'invite à rejoindre notre abri.

De jour en jour, il fignole son petit ermitage, qui devient de plus en plus confortable — et résistant aux intempéries —. Après le repas du soir, quand on s'entasse pour la nuit, c'est parfois avec un peu d'envie qu'on le voit regagner sa retraite, sa « cagna », comme il dit : contre un tronc d'arbre couché, un gros, gros tas de fougères sèches où il se couche tout habillé, avec deux sacs en plastique qu'il a fendus dans le sens de la longueur pour toute couverture.

APRÈS FAÑCH, TROIS D'ENTRE NOUS QUITTENT LA MAISON POUR ÉDIFIER LEUR PROPRE CAHUTE.

La « canadienne » de Ian : il a fixé des palettes ensemble en forme de tunnel, puis les a recouvertes de roseaux. Du côté exposé aux vents de pluie (l'ouest, ici), les roseaux partent de plus haut pour ne pas que l'eau s'infiltre par le faîte du toit.

La cabane sous les branches : Marie s'est servi d'une grosse branche horizontale qui partait du tronc d'un cyprès à deux mètres de haut à peu près, et elle a rajouté des branches de chaque côté pour faire un espace abrité.

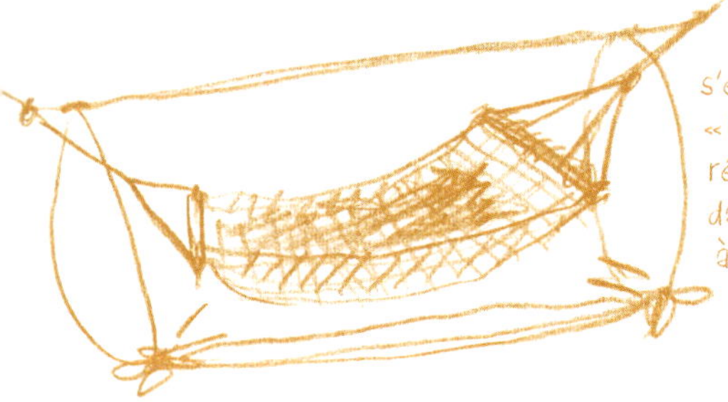

Mona a fini par installer sa litière dans un hamac qu'elle s'est confectionné avec un bout de « filet » (en fait, un bout de grosse résille en plastique orange trouvée dans le sable, et qui a dû servir à délimiter un chantier : eh oui, ça marche !)

Mona a passé des cordages dans les mailles des côtés pour les relever.

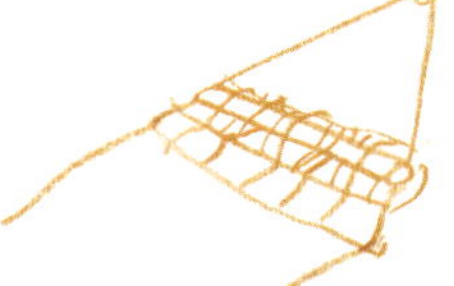

Le hamac est tenu par un morceau de bois glissé dans les mailles du filet, à chaque bout.

LES HAMACS

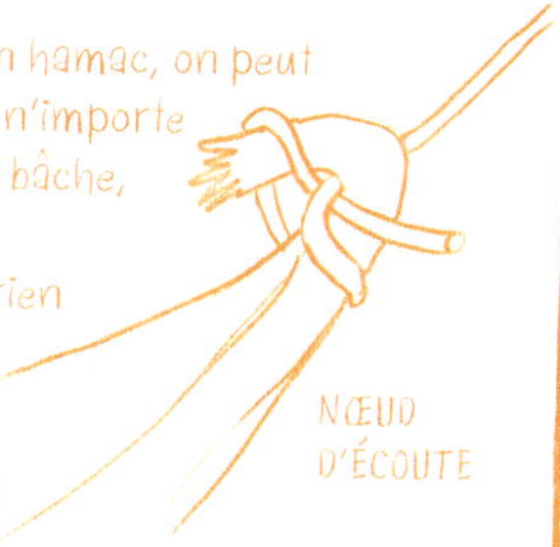

Pour faire un hamac, on peut se servir de n'importe quel bout de bâche,

de drap de bain, de tissu, de filet... Celui de Mona prouve bien que ça ne sert à rien de s'échiner à fabriquer un « vrai » filet sur mesure...

On attache un cordage solide à chaque extrémité, par exemple avec un nœud d'écoute, et le tour est joué !

Bon, attention, quand même, il vaut mieux essayer le nouveau hamac prudemment...

Si possible, on utilise le tissu de telle sorte que la chaîne, le sens du tissage où il est souple, soit dans le sens de la longueur.

Une fois son hamac garni d'une bonne litière — très important ! —, Mona l'a recouvert d'un bout de bâche qui déborde bien sur les côtés, attaché par en-dessous pour ne pas qu'il s'envole. Une petite tente bien douillette !

FAÇON TENTE, AÉRÉE, PAR TEMPS DOUX, AVEC DES GROS CAILLOUX POUR FAIRE TENIR LA TOILE.

FAÇON COCON, COMME MONA, QUAND LE TEMPS SE GÂTE.

BIENTÔT, NOTRE CAMPEMENT DEVIENT UN VRAI PETIT VILLAGE, VIVANT AUTOUR DU FEU ET DE LA MAISON COMMUNE.

LE PHARE DE L'ÎLE SAUVAGE

Il n'est répertorié sur aucune carte, et pourtant il doit être bien voyant, notre totem ! On l'a dressé en haut de la pointe, au-dessus de notre crique, comme un signal pour les navires croisant dans les parages... Il s'agit de signaler notre campement aux navigateurs !

Notre « phare » porte une « flamme » à son sommet : un ruban de plastique rayé rouge et blanc qu'une tempête a dû arracher d'un chantier. Pas forcément visible à des milles à la ronde, mais très pratique en guise de girouette ! En hauteur, bien en vue et surtout à l'écart des turbulences et des reliefs, elle nous servira à suivre l'évolution du temps depuis le camp.

Ce qu'on a de plus voyant, c'est nos gilets de sauvetage. On a décidé de les garder précieusement, mais pourquoi ne pas les accrocher là, en attendant de s'en servir un jour ? On en fait un gros paquet, orange fluo, ficelé avec leurs sangles, bien haut sur le poteau.

On rajoute, au fil de nos trouvailles, des grosses boules en plastique, dégonflées mais voyantes, rose fluo et blanches, qui devaient servir de flotteurs à des filets ou de pare-battage à des bateaux, et plein de plus petits drapeaux en sacs plastique déchirés tout autour.

UN MESSAGE À LA MER

Ian grave ses indications au fer rouge sur un bout de plastique qu'il roule avant de le glisser dans une bouteille.

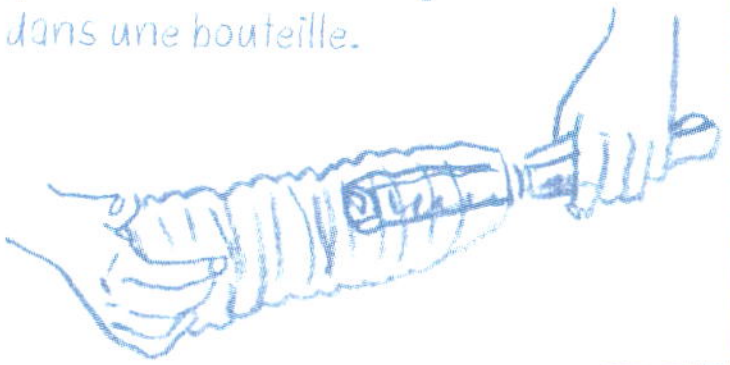

LE BATEAU POSTAL

Ian et Mona réalisent, après coup, qu'il y a peu de chance qu'un message jeté à la mer dans une bouteille soit lu un jour : une bouteille, ça dérive lentement, on ne sait pas trop où, et puis... si quelqu'un la ramasse, ce sera sans doute pour la jeter à la poubelle !

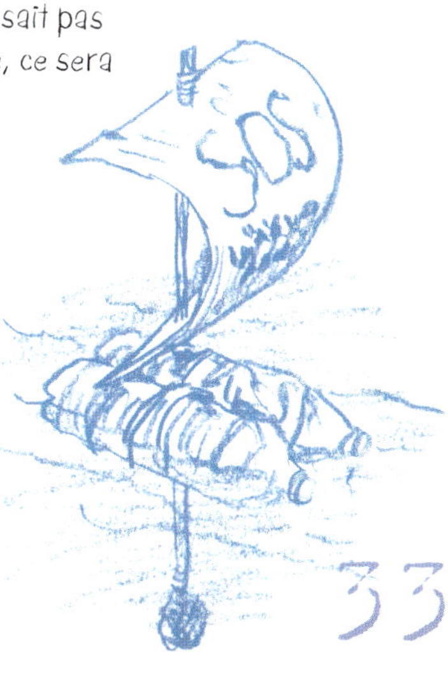

Ils fabriquent un petit radeau avec deux bouteilles vides, attachées côte à côte, et un mât de bois qui le traverse, avec un lest pour ne pas qu'il se retourne. La voile est encore un bout de bidon de lessive où ils gravent leur message. Porté par les vents d'ouest, ce navire a de meilleures chances de porter leurs mots à la côte, et il attirera peut-être l'œil des passants !

LES GARS, J'AI ENCORE RÊVÉ
D'UNE BOÎTE D'ALLUMETTES,
CETTE NUIT !

IAN

FAIRE DU FEU

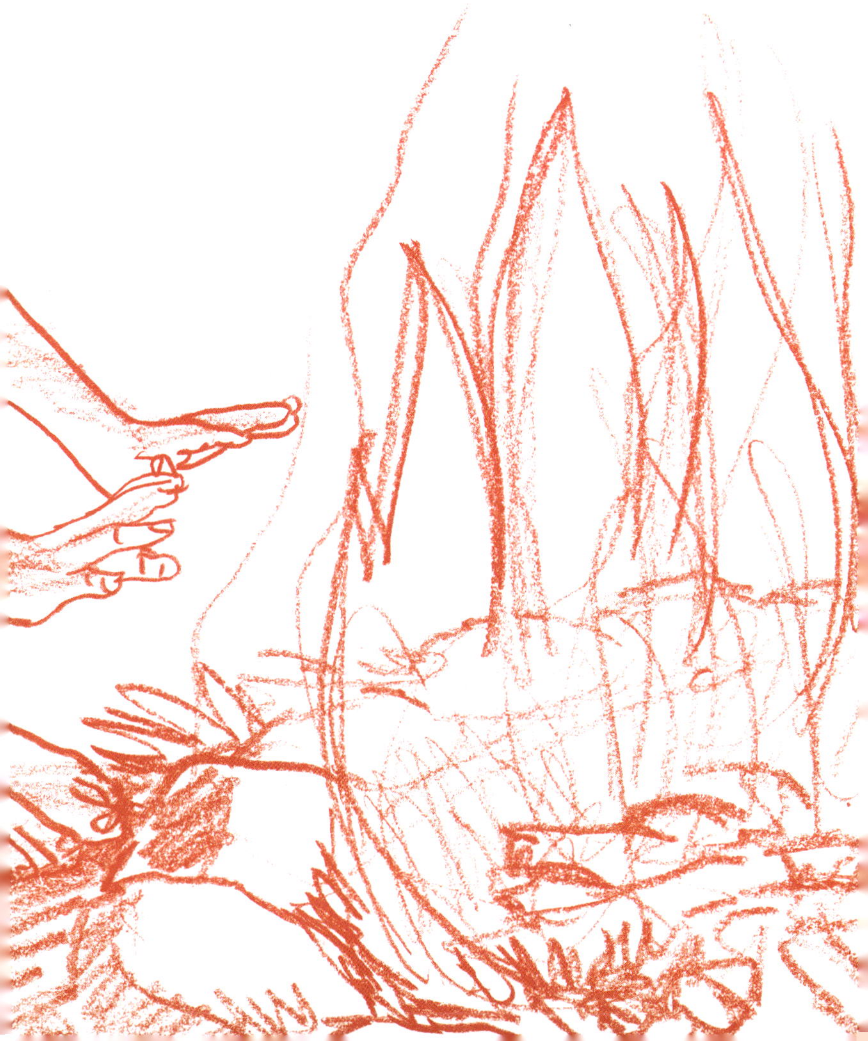

C'est le moment de vous présenter le septième compagnon de la bande. Il vit avec nous, il se rend utile du matin au soir, il fait la cuisine, on mange avec lui, on le retrouve le soir pour discuter et pour chanter. Un ami précieux, mais exigeant, et vorace... On passe des heures, chaque jour, à chercher de quoi le nourrir, à le cajoler, aux petits soins pour l'entretenir, l'alimenter, le couvrir pour la nuit...

LES JOIES DU FEU

SANS LES DÉSAGRÉMENTS DE L'INCENDIE !

Avant d'allumer un feu, au risque de brûler toute l'île, on essaye d'imaginer les problèmes et les accidents possibles... Ce n'est pas pour rien que c'est interdit de faire du feu sur la côte, comme dans la plupart des endroits sauvages.

Qu'est-ce que le feu risque d'enflammer aux alentours ? Les bois, la cabane qui se trouve juste sous le vent, ou le matelas d'herbes du copain qui dort là ?

On dégage les alentours, on fait le feu pas trop loin d'une réserve de bois, mais pas non plus au milieu d'un coin qui risque de partir en fumée à la première occasion !

Notre feu sert à faire la cuisine, à nous chauffer et à faire bouillir de l'eau, à l'occasion. De plus, c'est notre seule source de lumière, quand vient la nuit. Naturellement on l'installe auprès du campement.

On a creusé pour le feu un trou assez profond, contre un rocher, du côté du vent. La pierre renverra de la chaleur vers ceux qui seront devant.

La « margelle » de pierres abrite le feu du vent. On pourra y poser des choses à chauffer ou à cuire.

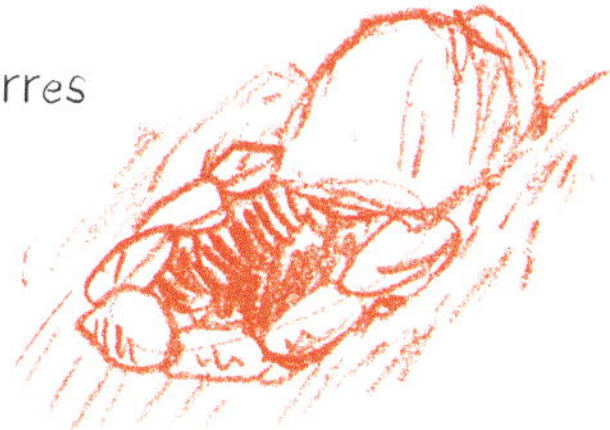

Il ne faut pas voir trop grand : un petit feu est plus sûr, plus facile à maîtriser et à utiliser, et moins glouton en combustible.

Le feu a besoin d'air, mais pas trop : le vent complique son démarrage ; une fois que ça a pris, il disperse la chaleur et attise le feu : davantage de bois utilisé — donc davantage de bois à ramasser — pour moins de chaleur, au final ! On essaye d'y penser : dans quel sens le vent souffle-t-il le plus souvent ? S'il se met à souffler violemment, ce sera de quel côté ? Où iront les escarbilles qui pourraient s'envoler ?

« La direction du vent, c'est pas le nord, l'est ou l'ouest, c'est toujours DANS MES YEUX. »

CORVÉES DE BOIS

Si, au prix d'efforts plus ou moins surhumains, on parvient à faire rougeoyer une braise microscopique, à faire prendre un petit feu, et qu'on le laisse s'éteindre pendant qu'on court à la recherche de branches mortes, c'est qu'on est bon pour manger des berniques crues le restant de ses jours ! Il faut prévoir de quoi allumer le feu et de quoi l'alimenter... jusqu'à la prochaine corvée de bois.

Pour faire prendre le feu, deux bonnes poignées d'herbes bien sèches suffisent. On en a ramassé une réserve que l'on garde précieusement à l'abri de la pluie et de l'humidité pour servir d'allume-feu quand le temps se gâte.

Il y a plein d'autres allume-feu qui marchent bien : des lichens bien secs, l'écorce des bouleaux, fine comme du papier, des copeaux de bois gratté, d'écorce, ou la peau des roseaux, des branchettes fendues en allumettes...

Ensuite, il faut des brindilles. Évidemment, pas de bois vert, qui ne prendra jamais feu. Le bois mort qu'on ramasse par terre n'est pas toujours assez sec non plus : à éviter pour le démarrage du feu ! Faute de brindilles, on peut fendre des bouts de bois plus gros. Pas facile, sans outils solides, mais faisable.

Fendre le bois : on tient le « manche » de la lame d'une main et de l'autre on tape sur le bout avec un petit rondin de bois. Ces outils permettent de faire des « allumettes » dans des bouts de palette... mais pas de fendre des grosses branches !

Ce qui prendra le plus facilement, c'est les bouts de bois les plus secs, les plus fins, et aussi dont la surface n'est pas lisse. Le feu prend difficilement à l'écorce, d'où l'intérêt de fendre ou d'écraser le bois. Une fois le feu parti, on peut très bien y entasser de gros rondins avec leur écorce, même mouillés : pourvu que le bois soit sec à cœur et que le feu soit bien construit, ça prendra.

Le bois flotté ne prend pas très bien, parce qu'il est souvent gorgé de sel. On s'en sert plutôt quand le feu a déjà pris.

On ne s'acharne pas trop à faire de jolis tas de bois avec de belles bûches... parce qu'on n'a pas de scie. Ce qu'on arrive à casser, on le casse, pour le reste, on rapporte des grandes branches, des troncs. C'est le feu qui se charge, en brûlant, de les couper. Même si on en bave un peu parfois, tout le bois qu'on arrive à traîner jusqu'au campement est bon à brûler !

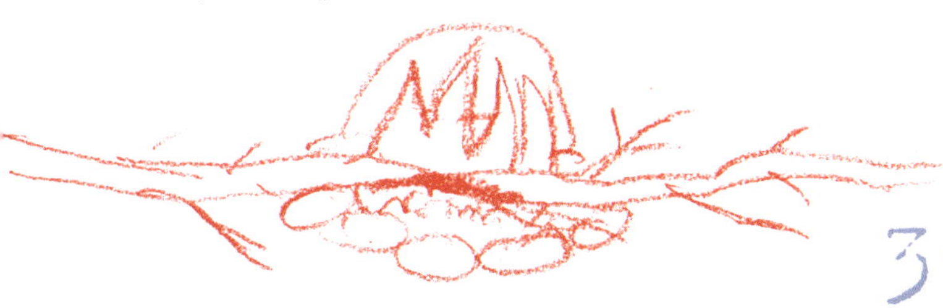

L'AMADOU

C'est un champignon qui pousse sur le tronc de nombreux arbres feuillus, aussi appelé langue-de-bœuf. Sous sa peau dure et sèche, il cache une chair tendre qui se consume toute seul, tout doucement, sans flamme. Il suffit d'une grosse étincelle, du contact d'une petite braise ou d'une autre source de chaleur vive pour l'allumer. L'amadou déchiqueté sert à démarrer ou redémarrer un feu, ou encore à le transporter.

Mona a cueilli un de ces parasites. On le garde précieusement, emballé dans du plastique : ça peut paraître étonnant, mais une fois séché, l'amadou perd beaucoup de ses qualités. Ce nid douillet, cet ami irremplaçable du feu devient dur, les étincelles rebondissent dessus sans s'y prendre, et il se consume irrégulièrement.

Si l'on a la chance de mettre la main sur un briquet, même vide, même mouillé, mais avec sa pierre et sa molette, on peut faire du feu plus facilement. Il suffit de diriger les étincelles du briquet sur de l'amadou.

Malheureusement, les briquets que la mer a apportés sont inutilisables, et l'île est dépourvue de roches riches en fer, celles qui permettent de faire de bonnes étincelles, assez chaudes pour mettre le feu à l'amadou. Les petites étincelles que nous tirons des cailloux, ici, ne valent rien.

LA VIE DU FEU

Le feu ne démarrera pas bien si le foyer est humide. Marie creuse jusqu'au sable sec, Max trouve un bout d'écorce à poser au fond du trou.

On peut avoir besoin d'un acolyte qui abrite le feu au départ s'il y a trop de vent ou de pluie. Une fois que ça flambe, il peut tomber des trombes, ce n'est plus un problème.

Quand on alimente le feu, surtout au début, il ne suffit pas de lui donner à manger, il faut le laisser respirer. On n'entasse pas le bois en vrac, il faut toujours que l'air circule et que les flammes passent entre les morceaux de bois. Il faut au moins trois bouts de bois en pyramide, pas moins, pour un feu qui « tire » bien !

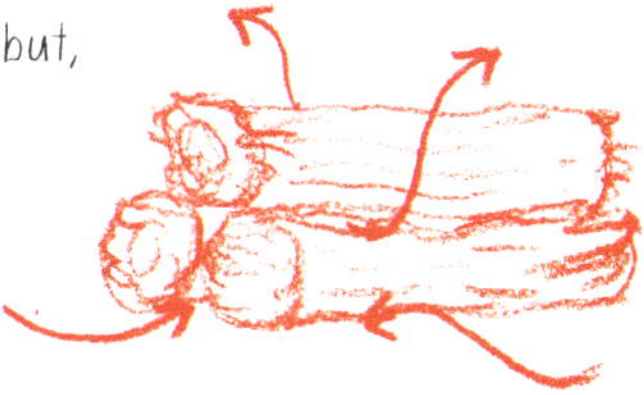

Pour allumer un autre feu, ou déplacer le feu dans un endroit, par exemple, mieux abrité du vent, on prend des charbons brûlants sur une écorce, quelques brandons, et c'est parti.

Tous les soirs, on couvre le feu de cendres. Ainsi, il peut « tenir » plusieurs jours durant, même sous la pluie. Il suffira de déterrer les braises qui couvent pour redémarrer !

Oui, on a beau être un peu obsédés par l'allumage du feu, ça arrive de devoir éteindre un foyer. Dans ces cas-là, il ne suffit pas de le recouvrir de terre, il faut littéralement le noyer sous des seaux et des seaux d'eau. Sinon, il continuera de couver.

LE FEU À L'ARCHET

Attention, attention... Ce truc marche, mais ce n'est vraiment pas facile, du moins pour des gens « normaux » comme nous, sans entraînement. Le principe est un classique des films d'aventures : il s'agit de tirer parti de la chaleur que dégage le frottement de deux bouts de bois l'un contre l'autre.

Au cinéma, ils y arrivent à mains nues, en faisant tourner un bâtonnet entre les paumes de leurs mains. Autant le dire franchement : ça, ça n'a jamais marché, pour nous. On s'énerve, on arrive à se faire des bonnes ampoules, oui, mais c'est tout !

Pour que ça chauffe assez, il faut faire tourner un bout de bois très, très vite sur une planchette, ou un bout de bois juste équarri (aplati sur le dessus et le dessous), en appuyant dessus, et sans s'arrêter. La méthode de Ian est inspirée d'une visite au musée de Tautavel, où on lui a montré les techniques des hommes de l'âge de pierre pour se faire du feu.

C'est lui, Pierre.

LE MATÉRIEL

Il faut bien préparer la planchette. Ian creuse un petit trou de quelques millimètres de profondeur, près du côté, et ensuite il taille une encoche depuis le bord jusqu'au trou.

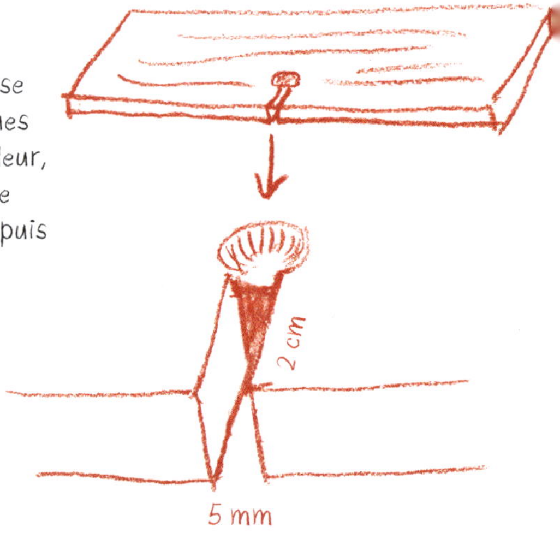

Les minuscules copeaux de bois très chauds détachés par le frottement vont tomber dans cette petite chambre, avec un peu d'aération pour ne pas que ça s'éteigne tout de suite. Ce sont ces copeaux qui doivent servir à faire partir le feu, le but n'est pas de faire flamber la planchette !

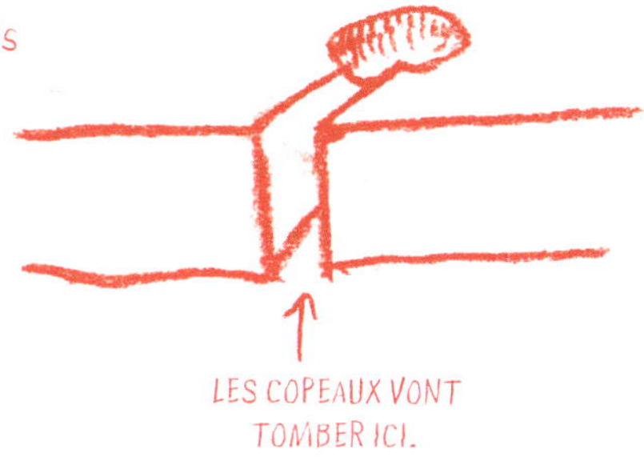

Le bâton mesure 20 ou 30 centimètres. Il est bien droit, taillé en pointe en haut, et arrondi en bas, juste assez pour se caler dans le creux de la planchette où il doit tourner.

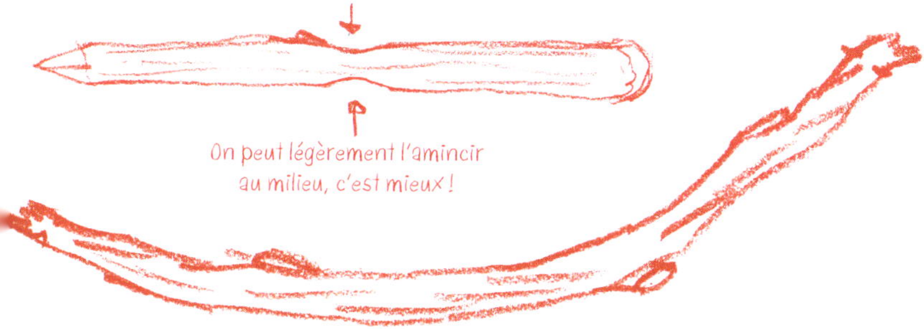

L'archet est un bout de bois dur, d'un peu moins d'un mètre de long.

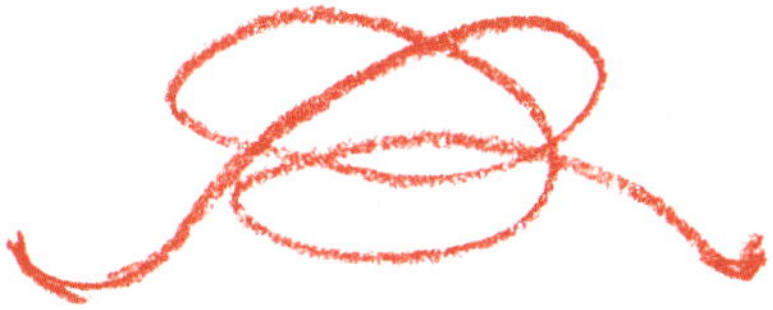

La ficelle va être mise à rude épreuve. L'idéal c'est un très gros fil de pêche ou un genre de ficelle agricole.

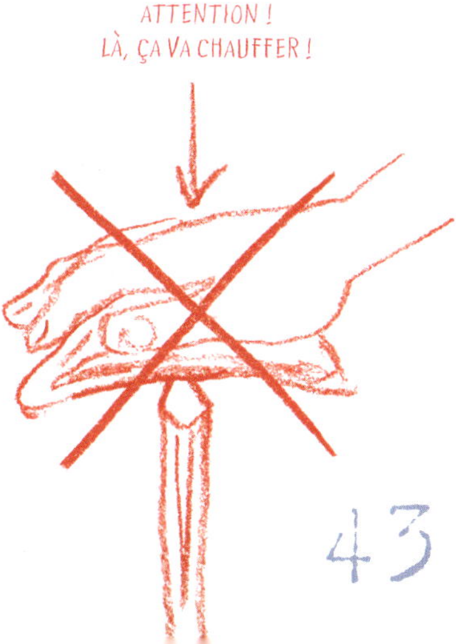

Un coquillage (ou un tesson de bouteille, ou une pierre creuse) sert à maintenir le haut du bâton. Attention, ça frotte dur, il faut tenir ferme mais sans plaquer sa paume dessus, car le coquillage devient très chaud à l'endroit où porte la pointe du bâton !

IL Y A DEUX TECHNIQUES POUR ENROULER LA FICELLE SUR LE BÂTON.

MÉTHODE DITE « ÂGE DE PIERRE »

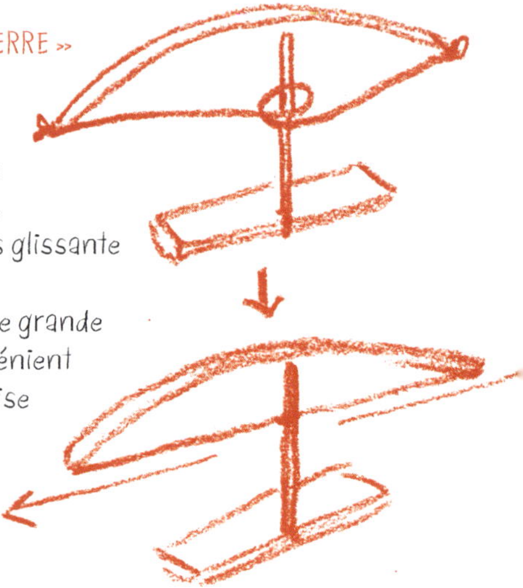

On tend la ficelle sur l'archet, comme pour faire un arc. On enroule la ficelle sur le bâton (un tour suffit, deux si c'est une ficelle très glissante comme du fil de pêche).
Avantage : pas besoin d'une grande longueur de ficelle. Inconvénient majeur : la ficelle est soumise à un frottement très éprouvant, et on en casse pas mal.

Autre inconvénient : comme la ficelle est tendue, le bâton a tendance à sauter dès qu'on lui en laisse la chance. En plus, la ficelle monte et descend à chaque mouvement aller-retour, surtout si elle est un peu grosse... et ça complique encore l'opération. C'est pour ça que ça peut être intéressant de donner au bâton une « taille de guêpe » en le frottant sur une grosse pierre.

MÉTHODE DITE « ÉGYPTIENNE » (celle qu'on préfère)

La ficelle, deux fois plus longue que l'archet, n'est pas tendue dessus, juste attachée aux deux bouts. On la fixe par le milieu sur le bâtonnet et on l'enroule au-dessus et en dessous du nœud, jusqu'à ce qu'elle soit presque tendue. À chaque va-et-vient de l'archet, la ficelle se déroule d'un côté et s'enroule de l'autre.

MAINTENANT, C'EST PARTI !

On peut s'y prendre tout seul, mais c'est mieux d'être à deux : le plus costaud manœuvre l'archet, l'autre maintient le bâton en place avec la coquille, en appuyant bien. Il faut coincer la planchette avec les pieds ou les genoux.

Un bout d'écorce ou une feuille a été disposé sous la planchette pour recueillir le petit feu en devenir.

On joue de l'archet à gestes longs, sans s'interrompre, d'abord lentement, puis de plus en plus vite (au début ça fait des « copeaux » un peu plus gros, ensuite, il faut vraiment que ça chauffe !).

Il ne faut pas s'arrêter à la première fumée... On continue de plus en plus fort et de plus en plus vite, presque jusqu'à traverser la planchette (mais sans écraser les « copeaux » en dessous), en pensant au petit tas de poussière de bois noirâtre qui se forme, avec, qui sait, un petit point rougeoyant dessus !

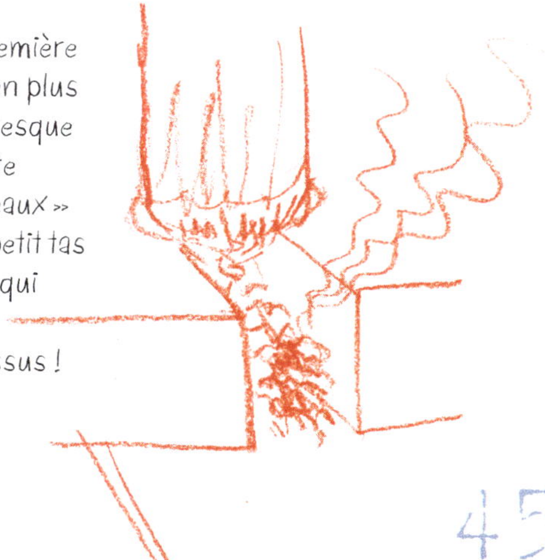

Au bout d'un demi-millier de tentatives et de crises de désespoir, on finit par y arriver. Si, si, vraiment.

Aussitôt qu'on s'arrête, on retire la planchette. La braise ne doit pas être dispersée par le vent, mais il faut qu'elle soit aérée. On souffle dessus doucement pour l'attiser.

Ensuite, on dépose la braise dans un petit nid d'herbes sèches qu'on a préparé à portée de main, on l'enrobe précieusement sans l'écraser. On remet des herbes autour de ce petit nid, que l'on tient au creux de ses mains pour garder la chaleur dedans. On attise la braise en soufflant dans ce petit foyer à creux de paume. Ça fume, de plus en plus... On continue jusqu'à ce que, d'un coup, ça parte en flammes.

Vite, on dépose la boule d'herbes en feu dans le foyer, et on alimente les flammes avec des brindilles, des branchettes de plus en plus grosses... C'est bon, c'est parti.

Pour finir on se jure de ne jamais, jamais laisser le feu s'éteindre pour ne jamais, jamais avoir à le rallumer de cette manière.

Il paraît que les flammes
éloignent fantômes et bêtes sauvages.
Ce qui est sûr, c'est qu'en regardant,
rêveurs, la fumée qui monte de ce premier feu
vers les étoiles, à notre première veillée,
on y voit s'envoler nos peurs,
nos angoisses, et notre fatigue
des premiers jours.

LE FEU AU SOLEIL

Faire du feu avec une loupe, en concentrant les rayons du soleil, c'est l'autre grand classique des aventuriers de cinéma... sauf que les loupes, ça ne court pas les grèves !

On a essayé avec des tessons de verre — il paraît que les bouteilles cassées le long des routes provoquent des feux de forêt accidentels... Nous, on voit pas comment ça se pourrait, parce que même en s'entêtant, on n'arrive à rien du tout.

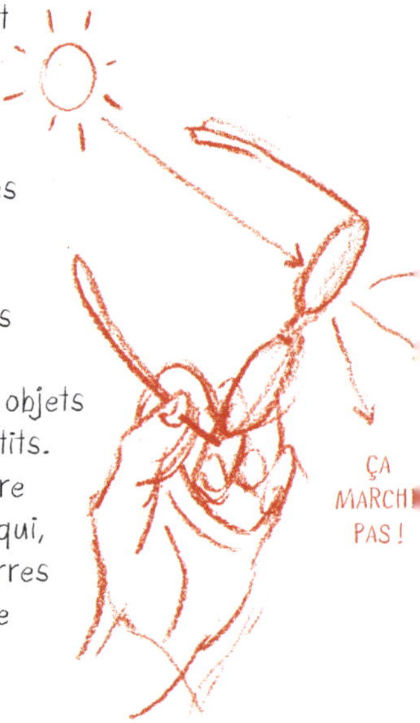

Autre essai avec les lunettes de Ian : elles ne font pas loupe et ça ne donne rien. Notre petit binoclard de service est myope : au lieu de concentrer les rayons du soleil, les verres de ses lunettes les dispersent — elles ne montrent pas les objets en plus gros, elles font paraître plus petits. Toujours selon Ian, ça pourrait peut-être marcher avec des lunettes de presbyte qui, elles, font loupe, mais il faudrait des verres très, très forts... du genre qu'on se paye à soixante ans passés...

La trouvaille de génie, c'est d'utiliser un miroir grossissant au lieu d'une loupe... Eh oui, on en trouve sur notre île, plusieurs, même : Ian s'est servi d'une cartouche de gaz de campeur (même pas rouillée) qu'il a trouvée, vide, sur la plage, mais ce truc marche aussi avec le fond d'un aérosol vide, ou même une canette de boisson en acier.

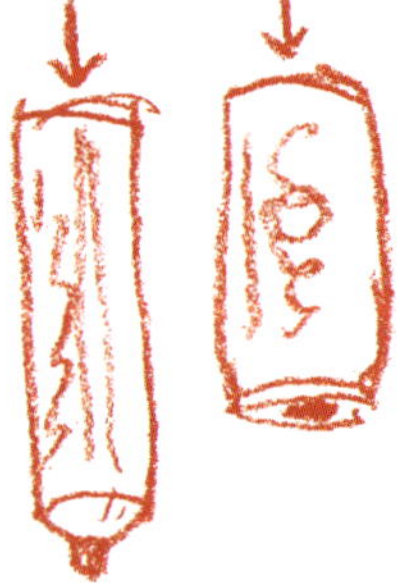

L'avantage de la cartouche de Ian, c'est que ça fait un plus grand miroir, qui « attrape » plus de soleil.

Il passe un long moment à polir le miroir à l'aide d'une pâte préparée avec de la cendre très, très fine, « cueillie » sur le foyer ce matin, et de l'eau. Il se sert de la cendre la plus fine, la plus légère possible et, surtout, il évite le moindre grain de sable dans la pâte... sinon c'est les rayures assurées dans tous les sens. Pour le reste c'est une affaire de patience, on frotte inlassablement le cul de la cartouche avec cette pâte, jusqu'à ce que ça brille !

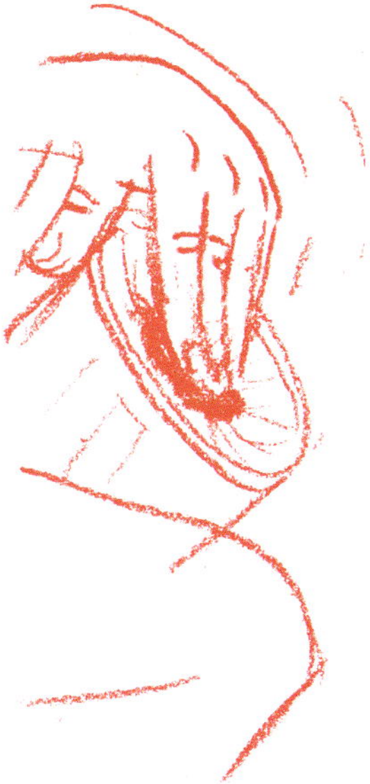

Quand le soleil tape vraiment dur, on tourne le miroir vers la lumière et on tient un bout d'amadou (ça marche aussi avec des herbes sèches) là où les rayons reflétés du soleil se rencontrent : ça fait un point de lumière presque aveuglant, et vraiment brûlant (y compris pour les doigts !).

C'est assez facile, avec un bon miroir, un soleil qui cogne et un bon allume-feu d'obtenir une braise. Évidemment, ce n'est pas toujours en plein soleil, à midi, et par temps sec qu'on a le plus besoin de feu, mais bon... c'est chouette, une technique pour faire du feu sans se crever à la tâche ! Le tout, une fois encore, c'est de démarrer un foyer, puis de l'alimenter pour ne pas avoir à le rallumer !

SI J'ÉTAIS UN GOÉLAND,
C'EST PAS TELLEMENT LE KEBAB
QUI ME MANQUERAIT, À MOI,
C'EST VRAIMENT LA MAYO.

FAÑCH

LA PÊCHE À PIED

AU BORD DE L'EAU, NOTRE GARDE-MANGER

La vie, sur ces rivages, bat au rythme des marées. Quand le niveau de la mer descend, il découvre un monde grouillant de vie... et de bonnes choses à manger : l'estran. Dès que ce garde-manger est accessible, on descend gratter les rochers et fouiller le sable en quête de tout être comestible. À marée haute, il sera temps de tenter de pêcher les poissons de l'océan ou de nous occuper d'autres nécessités de la vie de naufragé.

DANS LES ROCHERS

En temps normal, il conviendrait de vérifier que la pêche est autorisée, de s'assurer que les prises atteignent la taille minimale fixée par la loi... Pas le droit, par exemple, de pêcher les délicieux POUSSE-PIEDS dans les grottes et les trous de rochers à marée basse... Mais nous sommes loin des garde-pêche ici. Ces animaux bizarres, aux allures de bec d'oiseau extraterrestre, rejoignent notre marmite avec les autres !

BERNIQUES AU MENU

Berniques le matin, berniques dans la journée, berniques le soir... Crus, cuits, grillés, bouillis, à toutes les sauces, les « chapeaux chinois », coriaces mais savoureux, sont à tous les menus, au moins dans les premiers temps.

Si une bernique sent qu'on s'en prend à elle, elle se colle vite au rocher et il est impossible de la déloger. Fañch, plutôt expéditif, écrabouille les récalcitrantes avec un galet et, une fois qu'il a trié les bouts de coquille, ne s'en trouve pas plus mal.

Ce qu'on mange dans les berniques, c'est surtout le pied, le muscle rond et dur de la bestiole. On jette les tripes, au fond du chapeau. On peut battre le muscle avec un caillou pour l'attendrir, sur un rocher ou un bout de bois qui sert de billot.

Il est plus efficace de glisser une lame, vivement, sous la coquille. Le gros muscle qui sert de ventouse se décolle alors facilement.

Une basket orpheline, quatre pointures trop grande... C'est pas génial pour marcher, mais excellent pour le bernique-foot !

Marie a sa technique à elle : elle shoote dans le chapeau chinois puis elle le ramasse, groggy, là où il a atterri.

Très bonne méthode, si on s'approche sans taper des pieds et qu'on dégomme la bête du premier coup. Et n'essayez pas de faire ça sans chaussures !

LES MOULES À LA BARBARE

Cet après-midi, alors qu'on s'affairait à détacher LES MOULES et à en enlever le byssus, les fils durs par lesquels elles sont attachées, Tom arrive avec une brassée d'aiguilles de pin ramassées dans les bois...

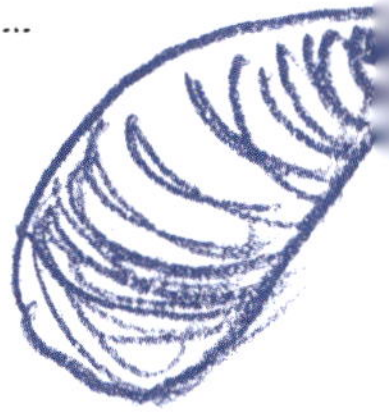

Il en garnit, sur 15 cm d'épaisseur, un beau banc de grosses moules sur le rocher avant d'y mettre le feu.

Cinq minutes plus tard, à table ! On déguste, à la « brûle-doigts », les moules qui se sont ouvertes à la chaleur, à peine cuites. Belle application, façon Cro-Magnon, d'une recette traditionnelle de Provence.

Pas facile d'ouvrir LES HUÎTRES, dans une cuisine, et avec un beau couteau spécial. Loin de tout ce matériel, et surtout quand il n'est question ni de se blesser ni de casser une précieuse lame de couteau, on ne s'y risque pas. Les petites huîtres sont mises à cuire dans la marmite : avec la chaleur, elles s'ouvrent d'elles-mêmes.

Les huîtres sauvages sont bien plus difficiles à ouvrir que celles du commerce !

Les plus grosses sont posées contre les braises du feu et finissent par bâiller bien gentiment elles aussi. Miam !

On a compris qu'il ne fallait ramasser que LES BIGORNEAUX bien noirs ou gris foncés, nombreux dans les mares, sous et dans les fentes des rochers. Leurs frangins jaunes à rayures sont trop difficiles à déloger, une fois cuits, et il n'y a pas grand-chose à grignoter dessus. Dommage, il y en a beaucoup plus !

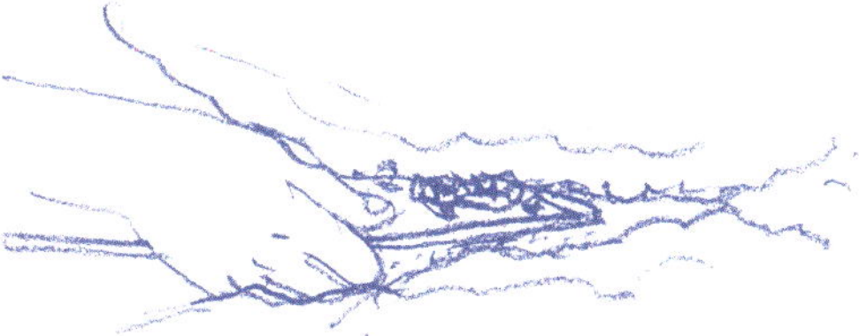

Pour pêcher LES ÉTRILLES, on passe la main sous les rochers, et on attrape celles qu'on sent au passage. Si on craint leurs pinces, on se sert d'un crochet pour les déloger, mais c'est moins efficace : ça court vite, une étrille !

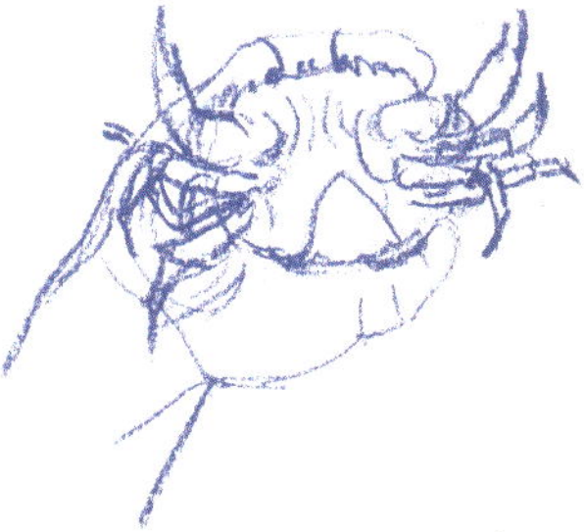

LES CRABES VERTS se pêchent sur le sable. On les repère en marchant dans l'eau, dans des coins sans trop de ressac, et on les attrape d'abord en les plaquant au sol, puis en les saisissant délicatement par les côtés pour ne pas qu'ils nous pincent. Enfin, faut pas exagérer, ça ne pince pas si fort, c'est pas comme les tourteaux ; mais ceux-là on n'en dégotte jamais, pas plus que des araignées de mer. Dommage !

SOUS LE SABLE DE LA PLAGE

Dans le sable découvert par la marée descendante, juste à quelques centimètres de profondeur, on trouve une foule de coquillages. Les tellines, les coques et autres bivalves vivent en banc : quand on en déniche une, il y a des copines à elle dans le coin.

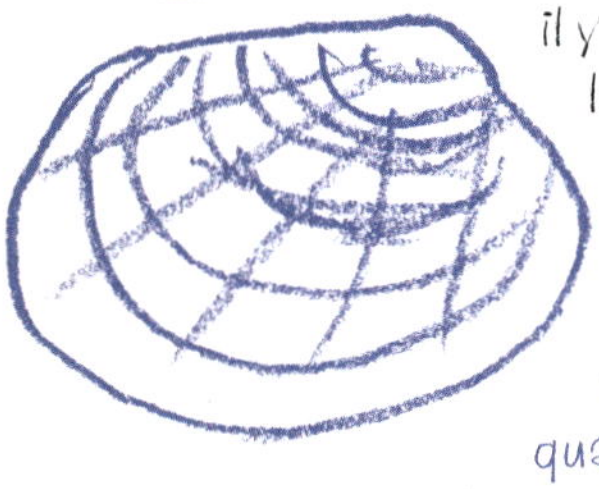

Les coins à coques se repèrent le plus facilement... là où il y a des coques vides sur la plage. Par ailleurs, les coques, quand elles s'enterrent dans le sable, en attendant que la marée remonte, laissent deux trous côte à côte à la surface, à l'endroit où où elles s'enfoncent.

Les palourdes, elles, laissent un trou en 8 à la surface, là où elles se sont enfouies.

Les plus grosses coques, comme les plus grosses tellines ou autres bivalves du genre, se trouvent au plus bas de la plage ! Normal, c'est là que la mer se retire le moins souvent, et donc qu'elles ont le plus de temps pour se gaver.

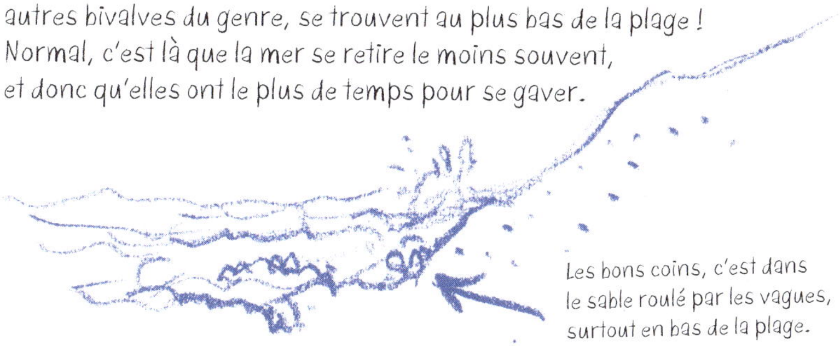

Les bons coins, c'est dans le sable roulé par les vagues, surtout en bas de la plage.

On creuse et on ratisse le sable à la main, faute de fourches ou de râteaux, et ça va très bien comme ça.

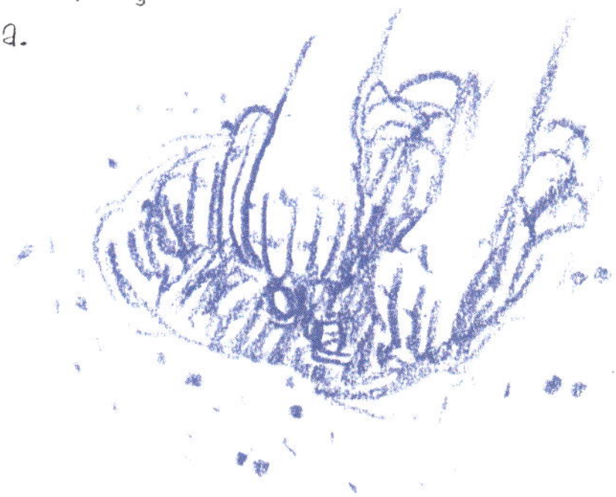

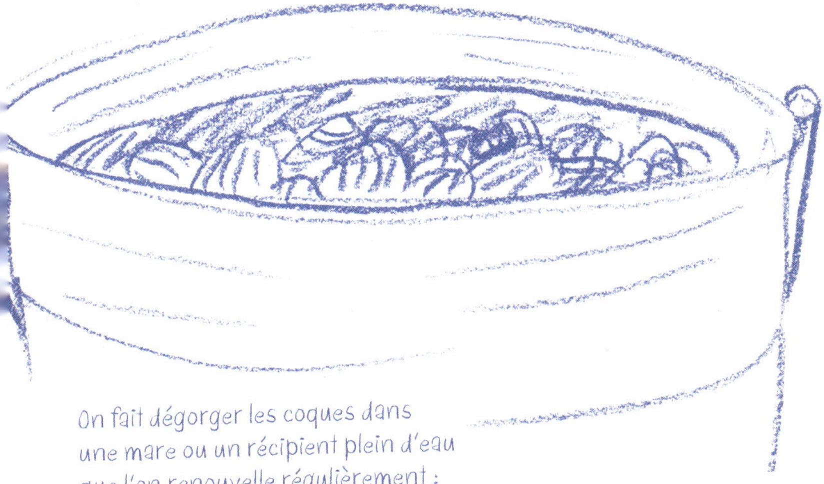

On fait dégorger les coques dans une mare ou un récipient plein d'eau que l'on renouvelle régulièrement : c'est quand même bien meilleur une fois qu'elles ont recraché leur sable.

Tom s'inspire de pêcheurs de Saint-Jacut pour faire remonter les coques à même le sable. Il assure qu'ils se sont inspirés de l'exemple des goélands pour mettre au point cette fameuse « danse des coques » et s'efforce de piétiner le sable, comme eux, pour que les malheureux bivalves croient sentir le battement du ressac et s'en viennent à la surface.

Il faut croire qu'il a encore quelques progrès à faire pour imiter le pas du goéland.

Cette technique bien particulière, à défaut de faire des miracles, permet de repérer les coques, les palourdes ou les praires : quand on piétine à proximité, même avec la grâce discutable de Tom, ces bestioles lancent parfois un petit jet d'eau. Les Bretons ont un joli nom pour ça, c'est la « pêche à la pissée ».

Les tortillons de sable ou de vase, sur le sol, évocant des lombrics grisâtres, sont formés par des vers arénicoles, pas par des coquillages.
On ne creuse pas pour les attraper, sauf, à l'occasion, pour servir d'appât.

Ces deux trous signalent
UN COUTEAU... délicieux
mais pas facile à attraper
à mains nues, car il a l'art
de s'enfoncer très vite dans le sable.
Par beau temps, on essayera de les faire
remonter en déposant à cet endroit
un peu de sel gratté dans un creux
de rocher. Attention, l'ombre du pêcheur
ne doit pas passer sur le trou !

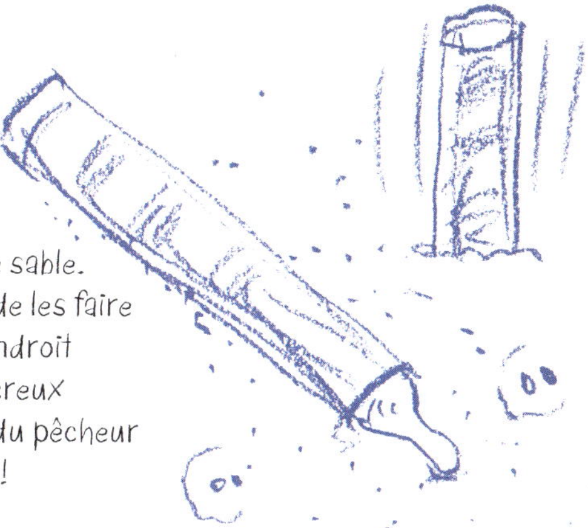

Choses dont nous avons songé à nous nourrir,
avant de renoncer : les anémones de mer,
les étoiles de mer et les holothuries, le goémon,
même bouilli longtemps. On n'a jamais eu assez faim
pour essayer les méduses !

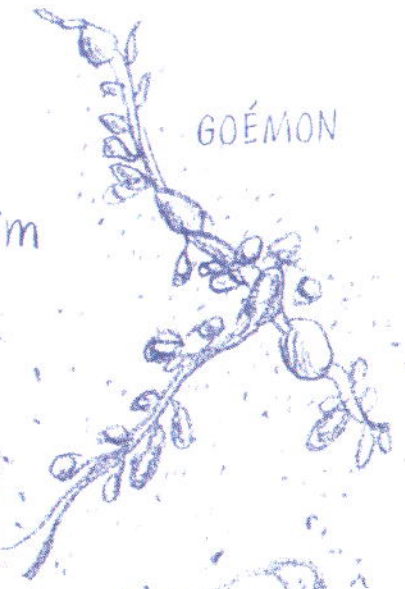

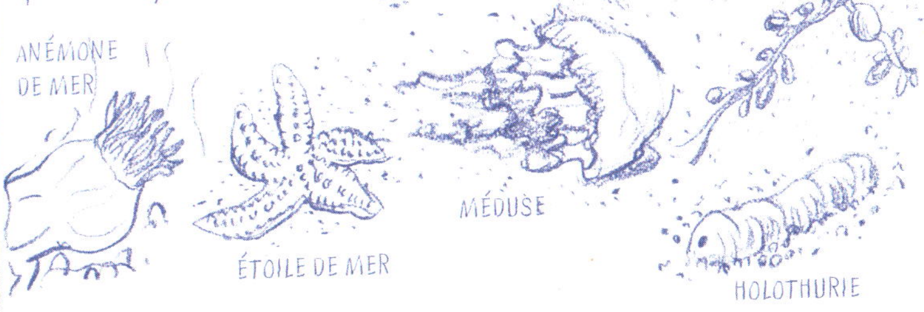

Les coquillages, voilà une bonne nourriture d'hommes préhistoriques...
D'ailleurs, le tas de coquilles, derrière notre camp, prend des airs
de « kjökkenmödding ». C'est comme ça
que les archéologues appellent
les monceaux de
coquilles qu'ils
retrouvent près
des villages
des anciens
peuples de la côte.

LES CREVETTES

Marie, qui a grandi sur les grèves de Bretagne, a le don d'attraper les crevettes à mains nues, dans les mares de rocher, l'air de rien. Elle assure que c'est vivantes — et gigotantes — qu'elles sont les meilleures, et n'hésite pas à les croquer sur-le-champ.

Ian s'est souvenu d'une vidéo où des petits Papous pêchaient les crevettes avec un filet de toiles d'araignées cueillies au petit matin ! Ça a l'air trop beau pour être vrai, mais il l'a vu, c'est promis-juré. Les araignées du coin ne doivent pas être aussi bonnes tisserandes que celles de Papouasie, alors il attache un bout de bas en nylon trouvé sur la plage sur un anneau d'osier, et s'en va pêcher à l'aide de cette épuisette improvisée dans les mares profondes, à marée basse.

Il le garnit de moules écrasées et le pose au fond de la mare où il le laisse quelques minutes, en attendant que les crevettes ou les bouquets, plus gros mais également délicieux, s'y rassemblent pour un petit festin sur le pouce... Il n'y a plus qu'à récolter !

Au catalogue des engins de pêche improbables mais miraculeux de Ian : LES CASIERS À CREVETTES qu'il fabrique avec les bouteilles en plastique échouées sur la grève, sur le modèle des pièges à guêpes qu'on fait en camping.

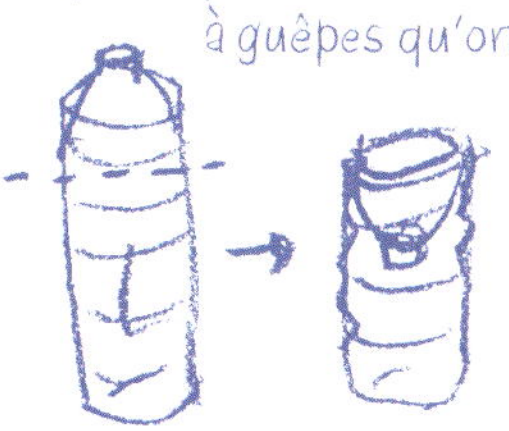

Il coupe le haut de la bouteille et le coince à l'envers, goulot en avant, dans le corps du récipient.

Lestée de quelques petits cailloux ou de sable, et surtout appâtée à l'aide de moules écrasées, de tripes de poisson ou de berniques, la bouteille est laissée au fond d'une mare pendant 5 à 10 minutes...

Ces « casiers » sont tellement géniaux qu'on en fabrique une petite série ; on peut les disposer dans plusieurs mares, passer de l'un à l'autre pour les relever, et faire sa petite récolte...

Les bouquets peuvent aussi se pêcher en passant l'épuisette au hasard, dans les algues, à la limite de la marée basse.

La crevette grise, on la pêche, dans des coins où l'eau est trouble — ça veut dire qu'elle est pleine de bon plancton et de débris divers dont les petites crevettes sont friandes. On pousse devant soi le filet au fond de l'eau : c'est là qu'elles se tiennent, sur le sable ou la vase. Le mieux c'est de faire un filet genre haveneau, avec un bord large en bois qui racle le fond ou du moins avec une forme bien large en bas : c'est là qu'il faut ratisser, au ras du sol !

NOS FRUITS DE MER

Pas de famine à craindre sur une île baignée par cet océan généreux... Les coquillages ont ceci d'infiniment sympathique qu'ils sont nombreux, nourrissants, savoureux, et qu'ils se laissent attraper sans essayer de s'échapper !

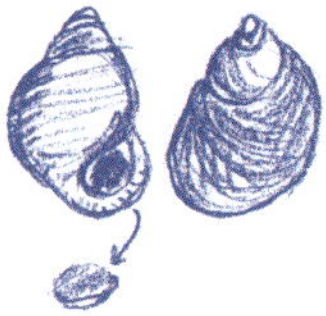

BIGORNEAU

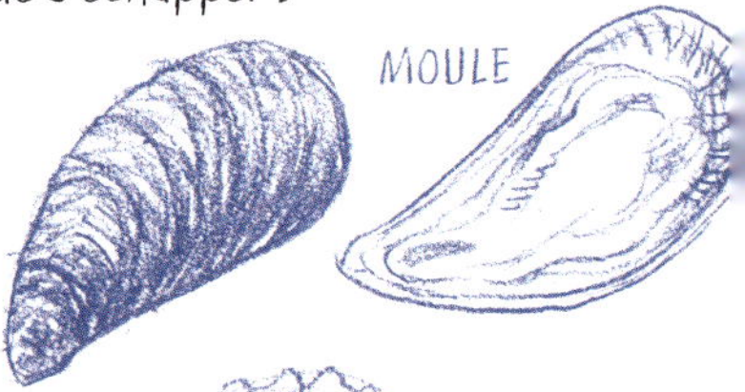

MOULE

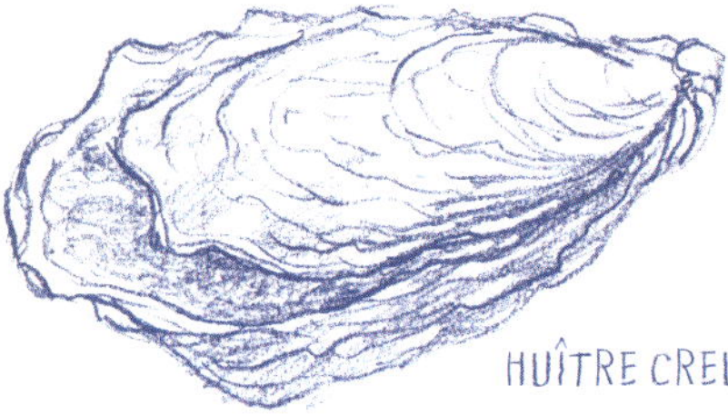

HUÎTRE CREUSE

BERNIQUE

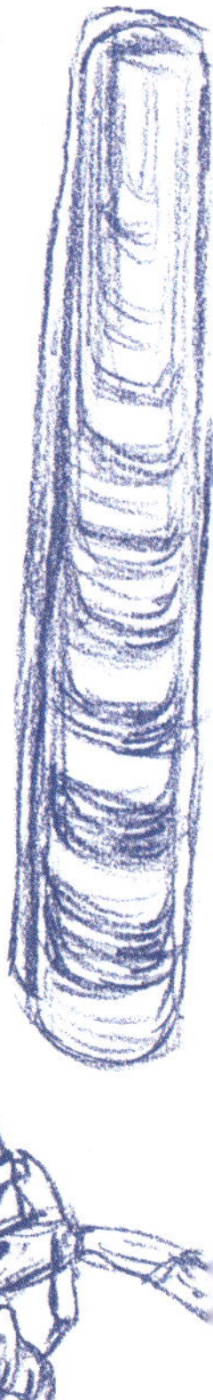

COUTEAU

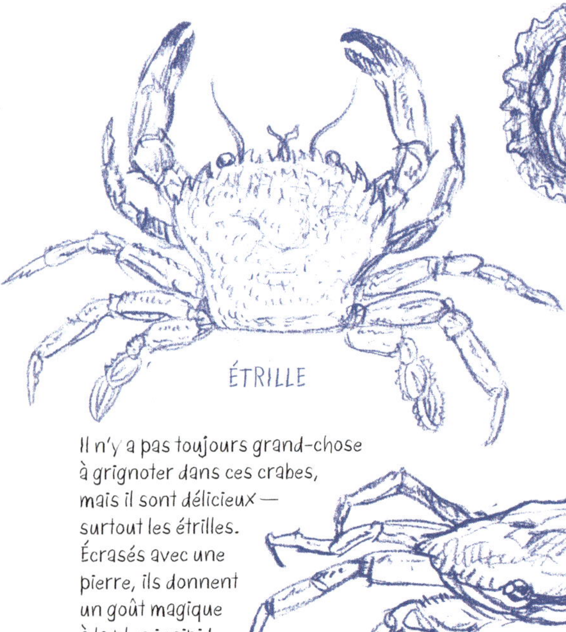

ÉTRILLE

Il n'y a pas toujours grand-chose à grignoter dans ces crabes, mais il sont délicieux — surtout les étrilles. Écrasés avec une pierre, ils donnent un goût magique à la plus insipide des soupes d'algues...

CRABE VERT

COQUE

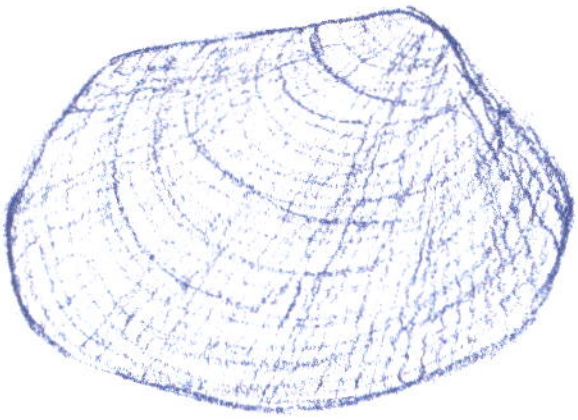

PALOURDE

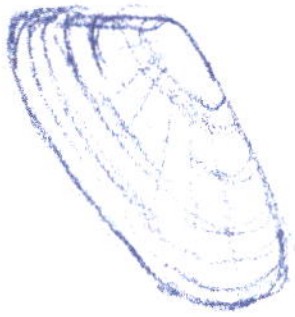

TELLINE

Tous ces coquillages sont aussi bons crus que cuits… si on arrive à les ouvrir. On peut les mettre à chauffer sur les pierres autour du feu, et les déguster dès qu'ils s'entr'ouvrent.

POUSSE-PIEDS

BOUQUET

Crues ou cuites, on a pris l'habitude de manger les crevettes entières, sans s'embêter à les décortiquer.

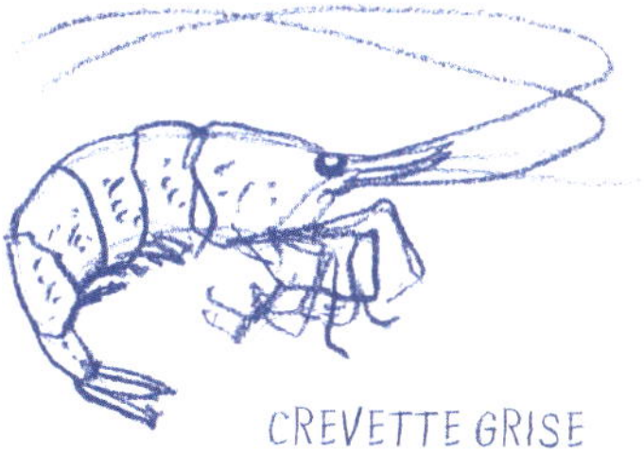

CREVETTE GRISE

CREVETTE ROSE

LES ALGUES

On les a dédaignées au début, et on a pesté contre Max qui insistait pour en rajouter dans la soupe. En fait, notre corps nous a fait sentir qu'on avait besoin de « manger de la plante », même de la plante pas bonne, insipide, coriace, gluante... On évite juste d'en abuser car on s'est aperçus que les algues ne sont pas toujours très digestes... Peut-être certains excès y sont-ils pour quelque chose dans les diarrhées qui sont restées, côté santé et bien-être, notre principal tracas...

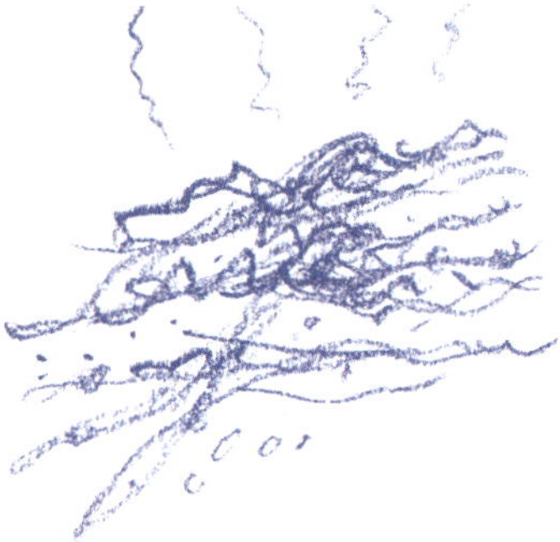

Évidemment on ne ramasse — ou plutôt on ne cueille — que des algues vivantes, dans l'eau ou sur l'estran, encore accrochées à leur support, pas celles qui pourrissent, puantes, sur la laisse de mer !

ALGUES VERTES

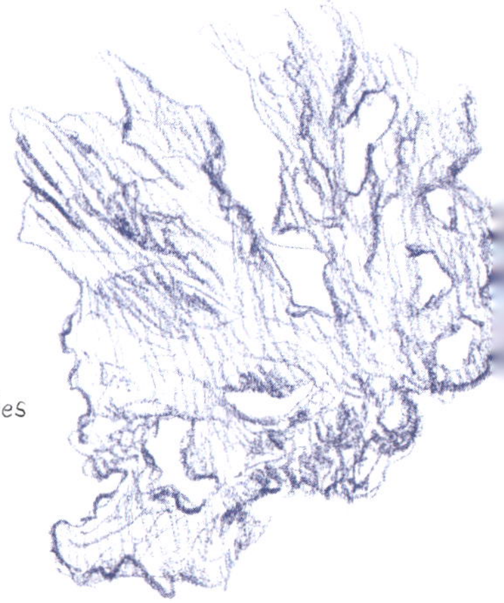

ULVE

C'est la « laitue de mer », l'algue verte qui, l'été, souille les baies abritées et les rias de Bretagne. On a pas mal fait les dégoûtés en regardant Mona brouter, impassible, sa récolte d'algues vertes crues, juste rincées à l'eau douce... mais on a fini par y venir ! Quand elles sont ramassées dans un coin propre, encore fraîches, on y prend goût. Leur goût est assez fort, mais il passe à la cuisson. L'ulve sèche très facilement, étalée sur les rochers, au soleil.

ENTÉROMORPHE

Ressemble à la « laitue de mer », mais comme son nom l'indique, a plus l'air d'un intestin vert que d'une salade.

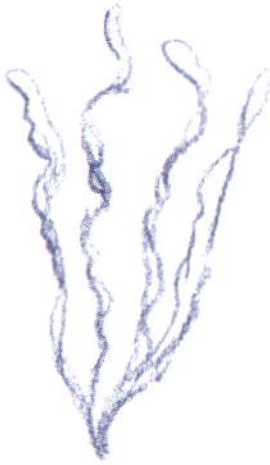

ALGUES ROUGES

PORPHYRE

Fraîche, on dirait une feuille de plastique brune. Séchée, elle perd de sa couleur, mais elle passe bien dans la soupe. Marie y enrobe des bouts de poisson cru, comme les Japonais qui appellent cette algue « nori ».

DULSE

Forme des lamelles rougeâtres. On peut croquer les lamelles crues ou fondantes, après cuisson. Mona lui trouve un goût de noisette, mais Max dit que c'est « juste une autre algue ». Il paraît qu'on l'appelle aussi « goémon à vache ».

L'ALGUE POIVRÉE

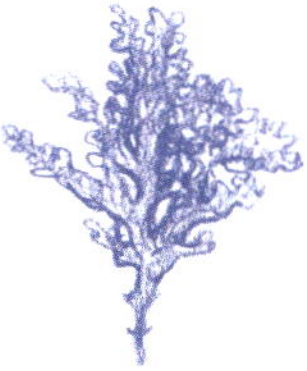

Pousse en petites touffes sur les rochers battus par les vagues. On peut en mettre dans la soupe pour la « poivrer » car elle a un goût un peu piquant. Pas vraiment bon, mais ça change, et c'est déjà pas mal.

On fait sécher les ulves et les algues plates au soleil, sur les rochers, après les avoir rincées à l'eau douce. On a l'impression que c'est plus digeste comme ça. Après, on les jette dans la soupe pour les faire cuire de la même manière que les algues fraîches.

ALGUES BRUNES

LAMINAIRE BULBEUSE

Son pied ressemble à un gros bulbe recouvert de verrues. Intéressant pour les déguisements, en guise de sceptre de Neptune, mais immangeable, tout comme sa tige dure. On mange les parties plus fines et pas trop coriaces des lanières larges qui y sont rattachées.

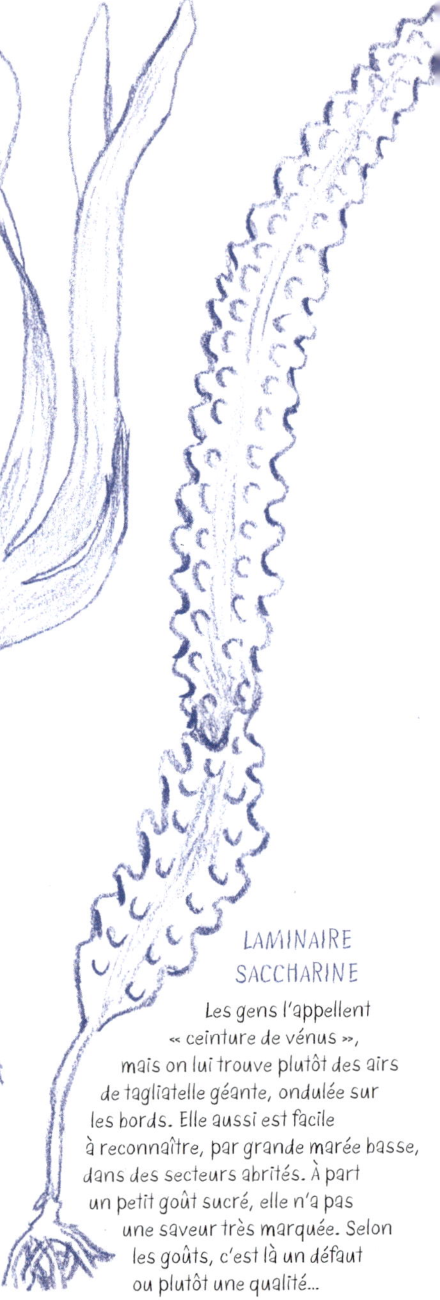

LAMINAIRE SACCHARINE

Les gens l'appellent « ceinture de vénus », mais on lui trouve plutôt des airs de tagliatelle géante, ondulée sur les bords. Elle aussi est facile à reconnaître, par grande marée basse, dans des secteurs abrités. À part un petit goût sucré, elle n'a pas une saveur très marquée. Selon les goûts, c'est là un défaut ou plutôt une qualité…

SPAGHETTI DE MER

On les appelle aussi « haricots de la mer ». On les ramasse quand la mer est au plus bas, dans les rochers battus par les vagues. Comme les autres algues brunes, elles se mangent bien bouillies.

Les algues brunes peuvent atteindre des tailles impressionnantes, jusqu'à 10 mètres de long ! Elles deviennent aussi plutôt dures sous la dent, avec l'âge. On cueille les plus jeunes, les plus petites... les plus tendres, dépourvues de concrétions calcaires. Évidemment on ne mange pas les pieds. Ça reste des nourritures assez fades, et on n'en abuse pas, surtout une fois qu'on en a expérimenté les effets laxatifs, à haute dose...

ALARIE

Elle a un petit goût d'huître. On préfère la manger cuite. Les lames ne sont pas trop coriaces.

LES MARÉES

Quand va-t-on pouvoir pêcher dans les rochers ? Jusqu'à quand cet îlot sera-t-il accessible à pied sec ? Si on dort ici, sur le sable, va-t-on se réveiller en pleine nuit avec les pieds mouillés ? Où peut-on laisser ce tas de bois sur la plage sans qu'il parte à la dérive tout à l'heure ?

Mona, prise par le démon de la pêche, s'est éloignée sans songer que la marée l'isolerait sur les rochers. Il faudra se mettre à l'eau pour rentrer !

La mer monte et descend deux fois par jour. À chaque fois, elle monte, puis descend pendant à peu près six heures et quart : en gros, la marée se décale donc à peu près d'une heure par jour.
Par exemple, si la mer est haute un matin à 8 heures, elle sera basse vers 14 h 15 et haute le soir à 20 h 30 environ. Le lendemain matin, elle devrait être haute vers 9 heures, etc.

En gros, la marée de demain, c'est à peu près la même que celle d'aujourd'hui, mais une heure plus tard.

SOUS L'ŒIL DE LA LUNE

L'ampleur des marées suit le cycle de la Lune, sur 28 jours (4 semaines). Les marées sont importantes (on parle de vives-eaux) autour de la pleine lune ; elles vont diminuer pendant une semaine (jusqu'aux mortes-eaux, quand on voit à peu près la moitié de la lune) ; elles se renforcent jusqu'aux nuits sans lune, une semaine plus tard ; elles s'affaiblissent à nouveau pendant une semaine ; puis reprennent de l'ampleur jusqu'à la pleine lune, et ainsi de suite !

En stockant nos trésors en haut de la plage, on a oublié que la marée haute arriverait de plus en plus loin, ces jours-ci…

Qui dit grandes marées, dit plus grand terrain de pêche à marée basse, et ressources inexploitées à explorer ! →

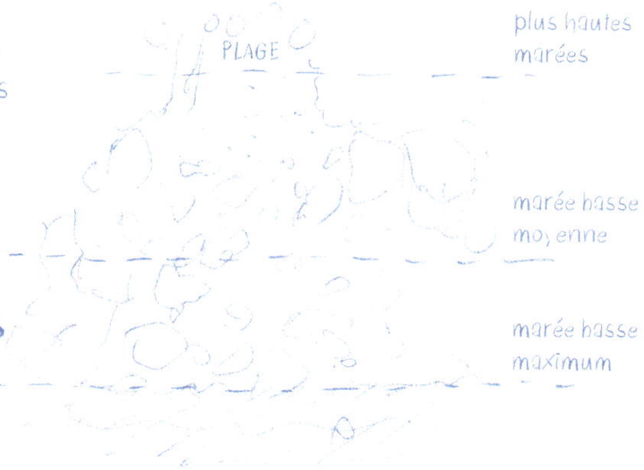

LÀ, MAINTENANT, ÇA MONTE OU ÇA DESCEND ?
Si le sable ou les rochers sont mouillés au-dessus de la limite du ressac (la partie battue par les vagues), s'il y a des rigoles d'eau qui descendent la plage, il y a de bonnes chances que la marée soit en train de descendre ! Dans le cas contraire, ou si le courant remonte dans les rivières, les rias ou les ruisseaux, ça monte !

L'ampleur des marées varie aussi au fil de l'année. On n'a pas les « annuaires de marée » des marins pour prévoir les hauteurs d'eau, mais on sait que les plus fortes marées ont lieu autour des moments d'équinoxe, fin mars et fin septembre. Les plus faibles, aux alentours des solstices, fin juin et fin décembre.

Dans ce monde sans école, sans week-end ou sans vacances, on se moque bien de savoir le jour de la semaine, du mois ou de l'année. En revanche, les marées et la lune rythment vraiment notre vie. Notre calendrier est un cercle à 28 cases sur lequel, chaque jour, on avance le galet qui représente notre place dans le cycle lunaire.

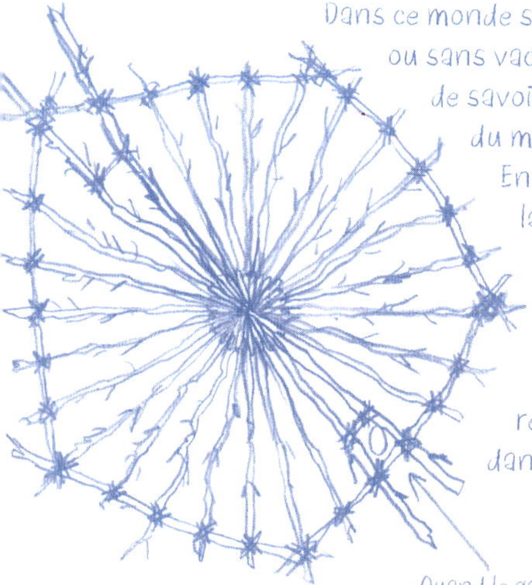

Quand le galet est là, c'est la pleine lune.

TU VEUX ATTRAPER DU POISSON ?
TU TE METS À SA PLACE.
TU PENSES POISSON, TU TE METS
DANS SA PETITE TÊTE, DANS SA PEAU,
AVEC SES ÉCAILLES, TOUT !

MAX

PÊCHER DES POISSONS

LA PÊCHE À LA LIGNE

La pêche à la ligne est sûrement pleine d'enseignements et de vertus... à commencer par la patience. Ce n'est pas la meilleure occupation pour des naufragés affamés, dont aucun n'est vraiment expert en la matière. Tout de même, notre technique et notre équipement se perfectionnent, et surtout, on expérimente des manières de pêcher qui prennent moins de temps, à défaut de rapporter des tonnes de poisson.

CANNE « AU COUP »

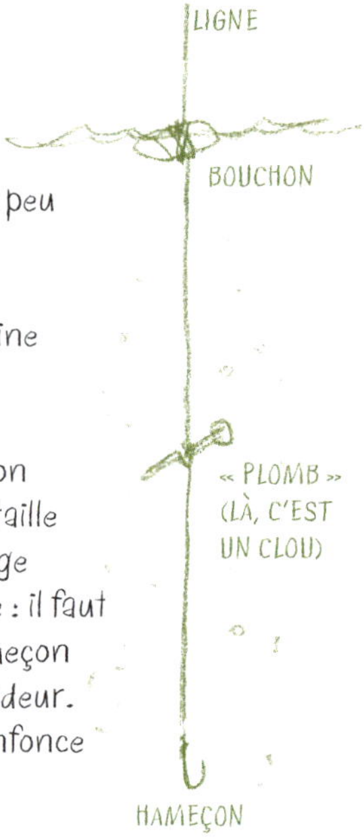

La canne : une gaule de bois un peu plus grande que le pêcheur.

La ligne dépasse d'une vingtaine de centimètres.

Quand on n'a pas de bouchon trouvé sur la plage, on en taille un dans un morceau de liège flotté, le plus petit possible : il faut juste qu'il maintienne l'hameçon et les plombs à la bonne profondeur. On le rogne jusqu'à ce qu'il s'enfonce presque dans l'eau.

On peut mettre un bout de coquillage comme APPÂT, mais le mieux, c'est les bestioles vivantes : vers pêchés dans la vase, crevettes, lançons... C'est assez barbare : il faut enfiler la bestiole qui sert d'appât sur l'hameçon... C'est mieux si elle bouge encore !

Le lançon, c'est un petit poisson qu'on trouve à marée basse dans la vase, comme les vers. Pour en attraper, on creuse et on dépose la vase sur un bout de plastique ou de bâche, avant de trier. Le lançon essaye de s'enfoncer, mais il ne traverse pas la bâche.

L'idéal est de pêcher le matin tôt ou le soir au couchant.
Pas la peine d'y passer la journée.

Il ne faut pas que l'eau soit trop claire, il vaut mieux se mettre là où elle est plus agitée.

Ça peut aider de lancer dans l'eau une « strouille » de coquillages écrasés, de poisson pourri, de restes de berniques. Les poissons, attirés de plus loin, croquent par ci et par là… jusqu'à grignoter l'appât.

IMPORTANT !
La ligne doit être réglée à la bonne profondeur : pour cela, on déplace le bouchon de haut en bas.

L'avantage de tous ces points techniques compliqués, c'est qu'ils fournissent toujours des raisons pour expliquer que les poissons se refusent à mordre, et des trucs ou des réglages à essayer pour ne pas perdre espoir…

LE MUSÉE DES HAMEÇONS PREMIERS

Tom déploie des trésors de patience et d'habileté pour façonner des hameçons et des pointes de harpons de robinson, en os d'oiseau, en fil de fer, en coquillage... Le tout est de fabriquer un crochet fin, vraiment pointu et doté d'un petit crochet, l'ardillon, qui empêche la proie de se détacher.

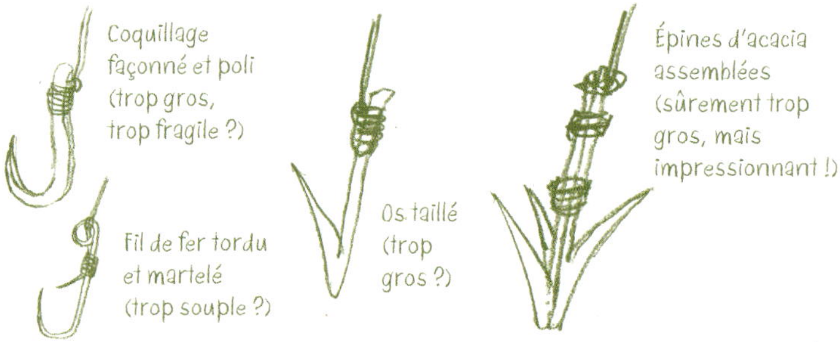

Bâton taillé en harpon (demande trop d'attention pour repérer les poissons, et de vitesse pour les « planter » !)

Ça donne une collection magnifique d'art des grèves dont aucun exemplaire n'égale, malheureusement, les hameçons d'acier inoxydable modernes.

En vérité, la pêche ne donnerait pas grand-chose si nous ne trouvions, parfois, des « bas de ligne » lors de nos tournées de l'estran. C'est un trésor incomparable que les pêcheurs « civilisés » perdent souvent quand leur ligne casse, et qui dérive jusqu'à s'échouer, entortillé dans les algues de la laisse de mer ou dans les rochers. À nous de les démêler, d'apprendre à nous en servir... sans les perdre !

SÉANCE DE DÉMÊLAGE : SURTOUT, NE PAS S'ÉNERVER !

LA PÊCHE AU PETIT BATEAU

Pour tenir la ligne éloignée du bord, on l'attache à un « radeau », une tong dotée d'un lest et d'une voile. On se place sur un rocher, dos au vent, et on laisse partir le bateau avec le vent, tenu en laisse.

On peut oublier la ligne le temps d'aller chercher quelques berniques et autres nourritures plus sûres, il suffit de la ramener toutes les dix minutes pour voir si ça mord et de remettre un appât si nécessaire.

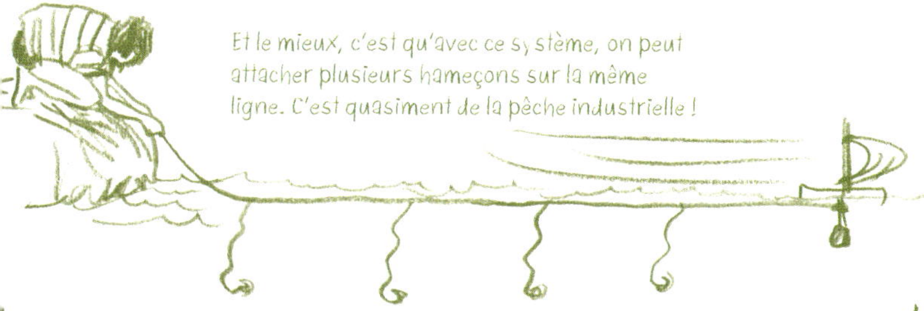

L'ART DU NŒUD D'HAMEÇON

Quelle que soit la technique choisie, il n'y a rien de plus rageant que de voir le poisson convoité s'enfuir avec l'hameçon dans la gueule. En plus de perdre le poisson, on perd un hameçon ! Mais pas de panique, il y a une technique officielle pour bien l'attacher à la ligne.

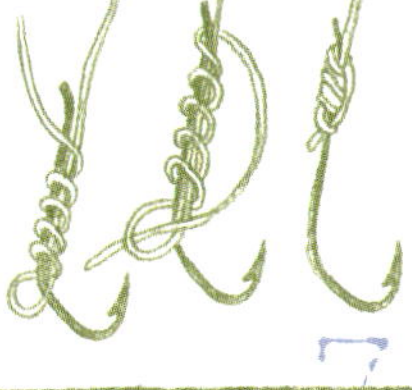

C'est Max qui s'essaye, le premier, à pêcher à la ligne. Quand il rentre au campement, après une journée d'essais infructueux, il tire une tête de six pieds de long. Il se renfrogne pour de bon quand il voit la maigre portion qui reste au fond de la gamelle commune.

Il faut dire que pendant qu'il enrageait sur son rocher, avec sa ligne de fortune, le reste de la troupe a fait une belle partie de pêche à pied, en bonne partie consommée au fil de la récolte... Un peu parce qu'on comptait sur ses poissons pour agrémenter le menu du soir, pas mal parce qu'on n'a pas réfléchi à ce qu'il aurait à se mettre sous la dent, lui.

Pendant un bon bout de temps, il garde les mâchoires serrées, le regard tellement noir qu'on est presque soulagés de l'entendre dire son amertume et sa déception.

Cette fois, c'est lui qui n'a rien pêché, mais qui passera la journée sans manger la prochaine fois ? Celui qui sera tombé malade ? Celui qui n'aura pas su faire « aussi bien » que les autres ? Celui qui aura passé la journée à fabriquer une hache, à construire un four ou des toilettes pour tout le monde ?

Dorénavant, on met le butin et les récoltes en commun — à un coup de dent gourmand près, parfois, au hasard de la cueillette, bien sûr...

C'est à cette condition que l'on peut se lancer dans de nouveaux projets.

Ça suppose, aussi, qu'on discute de ce qu'on va faire, qu'on décide, le soir, de qui va faire quoi le lendemain... bref, qu'on tienne conseil, qu'on s'organise !

LA LIGNE QUI PÊCHE TOUTE SEULE

Voici une meilleure façon de tirer parti des bouts de ligne de pêche qu'on arrive à dénicher. C'est une technique qui demande moins de temps, mais il faut quand même être assez attentifs, car les appâts et les prises peuvent intéresser d'autres clients que nous !

On monte une ligne sur une planchette de bois ou une pierre plate : on l'attache au support, qui fait une quinzaine de centimètres sur vingt-cinq, et on laisse environ quarante centimètres de fil avant l'hameçon.

On enterre le caillou ou la planchette à 15 cm sous le sable de la plage, tout près de l'eau, au moment où elle remonte.

On peut cacher l'appât sous un tout petit peu de sable, pour retarder le moment où les oiseaux l'apercevront.

Pas de plomb, pas de flotteur, rien qu'un appât (bout de chair de bernique ou autre, quelque chose d'appétissant et d'assez ferme).

Quand on a plusieurs bas de ligne on les monte en « palangre » : un cordage fin et long est fixé, à chaque bout, à une planchette ou une pierre, enterrés comme précédemment. À intervalles d'un mètre environ, on attache les bas de ligne sur le cordage.

On revient chercher le butin éventuel à marée descendante avant que les crabes et les oiseaux de mer ne nous les piquent !

Quand on pose une ligne de plage, on la surveille, tant que la mer ne l'a pas recouverte, pour protéger les appâts de la voracité des goélands et autres, mais aussi pour éviter que quelqu'un marche sur l'hameçon ! — c'est pour ça que sur les plages « civilisées », les lignes de ce type sont formellement interdites à la belle saison.

TUER ET NETTOYER LES POISSONS

LA MISE À MORT

On se met un peu à l'écart du rivage. (oui, c'est arrivé que la proie péniblement capturée se débrouille pour regagner les flots en frétillant !)

On tient le poisson par derrière la tête, avec un chiffon si on a peur de le laisser glisser ou d'être blessé par les arêtes piquantes de ses nageoires (attention aux maquereaux et à leur épine dorsale !) et on le tue d'un coup derrière la nuque ou carrément en lui retournant la tête. C'est normal qu'il bouge encore pendant un bout de temps.

LES TRIPES DE POISSON NE SE MANGENT PAS !

On vide ses prises dans la foulée : on leur ouvre le ventre et on arrache toutes les entrailles qui s'y trouvent. On laisse juste les poches d'œufs, s'il y en a.

COUPEZ SUIVANT LES POINTILLÉS !

On peut en profiter pour enlever les nageoires et les branchies (les espèces de brosses rouges qui sont sous les ouïes). Le poisson vidé se garde mieux, et les tripes jetées à l'eau attirent d'autres proies à venir.

C'est là, les branchies.

ÉCAILLER OU NE PAS ÉCAILLER ?

On écaille les poissons... à écailles (ils n'en ont pas tous), si on les mange avec la peau, par exemple en les ajoutant à la marmite du soir. Pour ça : on gratte à contresens avec une lame, de la queue vers la tête. C'est vraiment mieux si on le fait bien à fond. Inutile (et même dommage) de perdre son temps à écailler les poissons qui vont être grillés.

LEVER DES FILETS

Les filets grillent plus vite et se mangent plus facilement : c'est plus commode d'enlever les arêtes dans le poisson cru ! Voici comment on fait, presque aussi bien que le poissonnier, mais sans ses beaux couteaux effilés et son tour de main de pro :

On enlève les nageoires, si ce n'est pas fait, puis on entaille la peau sur le dessous du poisson. On découpe la chair derrière les ouïes jusqu'à l'arête centrale, sans couper cette dernière.

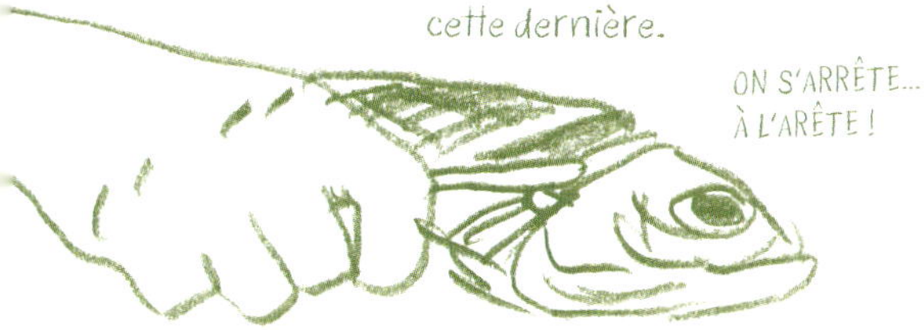

Ensuite on tire sur l'arête pour la dégager, en la pinçant entre le pouce et l'index de telle sorte que les doigts séparent la chair des arêtes, de la tête à la queue. Un coup sec pour casser l'arête à la base de la queue, et c'est bon !

La tête du poisson, écrasée, peut passer à la soupe, ou alors servir à appâter un casier à crevettes ou un filet.

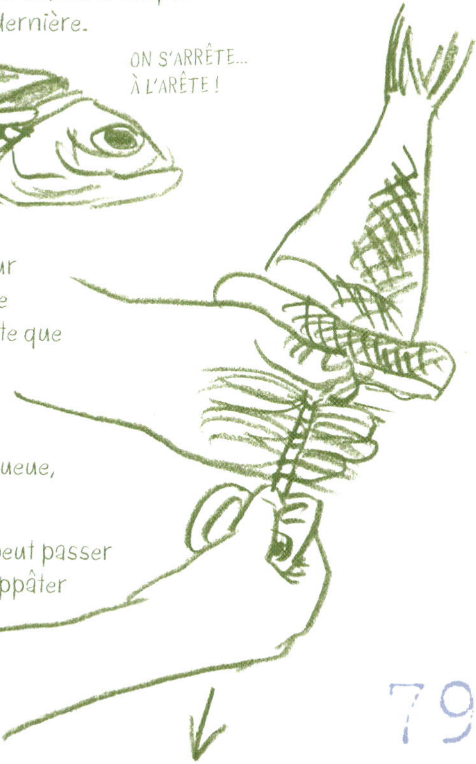

LES POISSONS

On aurait bien aimé avoir plus à dire sur les poissons, mais si on prétendait qu'on en a mangé tous les jours, ce serait juste un gros mensonge. En vérité, chaque prise a été une fête et chaque pêcheur, le héros du jour. Avec, ensuite, une grosse pression sur ses épaules au moment de le préparer !

MERLAN

Attention, si on le laisse dans la soupe, sa chair délicieuse et un peu sucrée s'effrite complètement. Il faut le ressortir juste cuit.

LIEU JAUNE

Comme le merlan, il ne faut pas le faire bouillir trop longtemps si on ne veut pas qu'il se disloque.

MAQUEREAU

Un must : pas d'écailles, des arêtes faciles à détacher, une saveur délectable, grillé, bouilli, et surtout, selon Ian, cru !

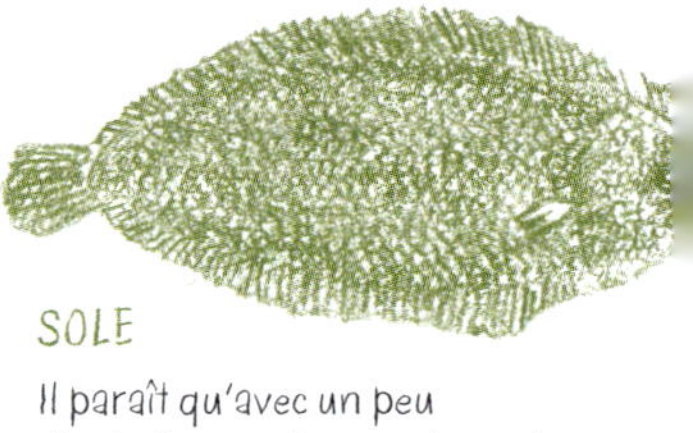

SOLE

Il paraît qu'avec un peu d'entraînement on peut aussi la pêcher en la plantant avec un harpon sur le fond de sable où elle se cache... mais il faut savoir la repérer !

BAR

Un vorace, dans son genre : on retrouve des petits poissons encore frais, gobés tout entiers, dans ses entrailles... À la casserole, avec le reste !

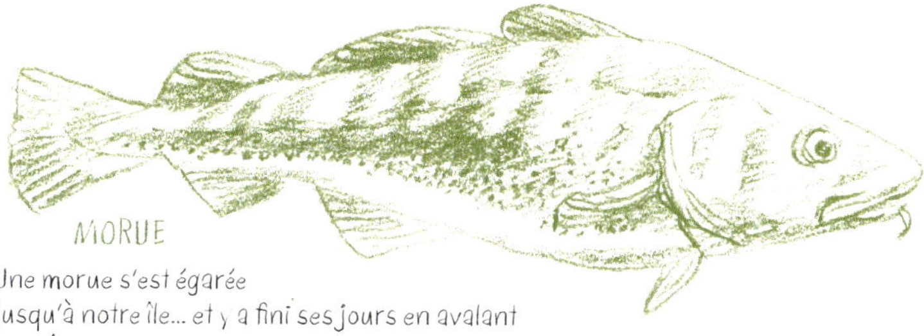

MORUE

Une morue s'est égarée jusqu'à notre île... et y a fini ses jours en avalant l'appât avec l'hameçon, que nous retrouvons au fond son estomac !

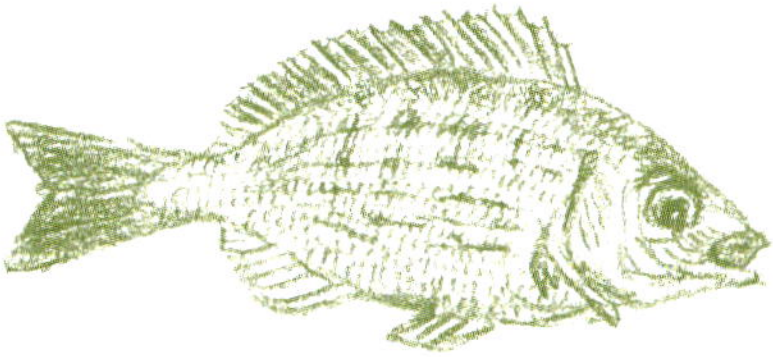

DORADE GRISE

C'est Marie qui a pêché cette belle bête à la canne, dans les rochers. Grillée, avec un peu de fenouil dans le ventre, c'était un régal de grand chef !

AIGUILLETTE

Il ne faut pas se laisser impressionner par ses arêtes bleues, cette couleur est sans rapport avec la fraîcheur de la bestiole !

TAÇAUD

À manger sans tarder après la pêche, car il pourrit vite. Max ne s'embête pas à trier toutes ses petites arêtes, il mâche et avale le tout sans faire dans le détail.

SAR

On le mange grillé, sur une pierre chauffée dans le feu.

VIEILLE

Ses belles couleurs se ternissent à l'air. Elle est pleine d'écailles et d'arêtes. On fait bouillir des morceaux de sa chair très ferme dans la soupe.

LES HOMMES,
C'EST DES BÊTES SAUVAGES,
MAIS QUI DISCUTENT AUTOUR DU FEU
APRÈS LE DÎNER.

MONA

GASTRONOMIE DES ÎLES

SA MAJESTÉ LA MARMITE

Qui est-ce qui trône au cœur du foyer ? C'est la marmite ! Le plus gros de ce qu'on a réussi à pêcher, à cueillir, à ramasser dans la journée… c'est pour la marmite ! Quand l'après-midi tire à sa fin et que ça bouillonne, on tourne autour, on s'en éloigne de moins en moins, on renifle, on zyeute… À l'occasion, on essaye de piquer dedans en trompant la vigilance de celui dont c'est le tour de préparer la sacro-sainte soupe du soir.

C'est un bidon en acier à peine cabossé et juste un peu rouillé qui a dû servir à stocker de l'huile de moteur, avant d'échouer sur notre île. On a passé pas mal de temps à ouvrir le dessus et à polir le bord pour ne pas nous couper, puis on l'a fait flamber un bon moment pour éliminer les restes de peinture et autres saletés à base de pétrole puant, et enfin on l'a récuré avec du sable mouillé.

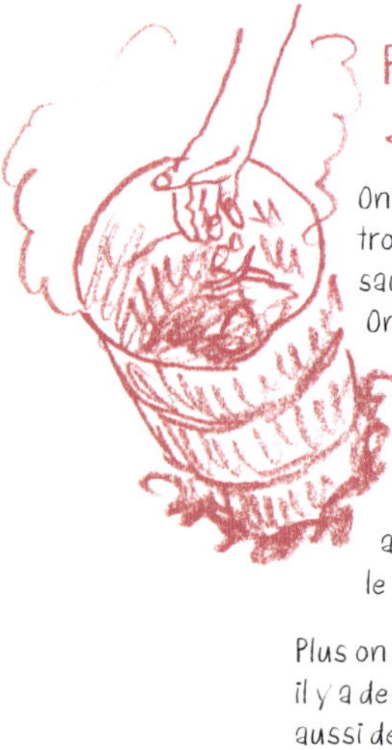

POUR FAIRE UN DÉLICIEUX « FOUZYTOUT » :

On obtient le bon dosage de sel avec un bon quart d'eau de mer et trois petits quarts d'eau douce… Quelques poignées d'ail ou d'oignon sauvage, de l'algue poivrée si on en a : voilà un bon bouillon. On rajoute plein de berniques, d'algues fraîches, et tout ce qu'on a trouvé dans les rochers ou sur la grève ! Voilà, c'est la base quotidienne.

Les restes (s'il n'y en a pas, c'est qu'on n'a pas préparé assez) sont en « libre-service » le lendemain !

Plus on se rapproche du fond, plus il y a de chair et de bonnes choses, mais aussi de coquilles, d'arêtes et de têtes de poiscaille, de sable, etc. D'où l'intérêt de nettoyer les prises le mieux possible avant de tout balancer au jus !

LE COUP DES BOUTEILLES DANS LE FEU

Pour de plus petites quantités, on peut faire bouillir l'eau dans une bouteille en plastique. On la pose directement dans le feu, ou juste à côté : comme l'eau refroidit la paroi, ça ne fond pas. Seule condition : bien remplir la bouteille jusqu'en haut, sinon les parties « sèches » chauffent et fondent. Quand c'est chaud, on attrape par le goulot avec un chiffon ou un gant.

Les briques de lait ou de jus, pleines d'eau ou de bouillon, peuvent aussi être mises à chauffer jusqu'à ébullition au coin du feu. Elles non plus ne vont pas brûler. Seul hic : elles ne sont pas faciles à manipuler, une fois chaudes !

Le problème, qui n'arrive pas avec une gamelle de métal, mais qui se passe avec ce genre de « vaisselle » en plastique : si on oublie le récipient au chaud, le liquide s'évapore, la bouteille fond, ça brûle, et tout d'un coup on se sent moins malin.

Si on pose la bouteille sur un fer rouge, ou un truc très, très chaud, et un peu pointu, le plastique fond en surface, et à la longue ça fuit. Quand même, il ne faut pas exagérer !

COMMENT ON RÉPARE UN BIDON EN PLASTIQUE

Un bidon ou un seau fendu n'est pas forcément perdu ! Il existe une technique simple pour le recoudre et refaire son étanchéité. Il ne sera plus aussi solide, mais il pourra encore rendre de précieux services, à la cuisine ou ailleurs.

D'abord on perce deux séries de petits trous face à face, tout le long de la fente, à l'aide d'un bout de fil de fer ou d'une pointe fine, chauffée au feu.

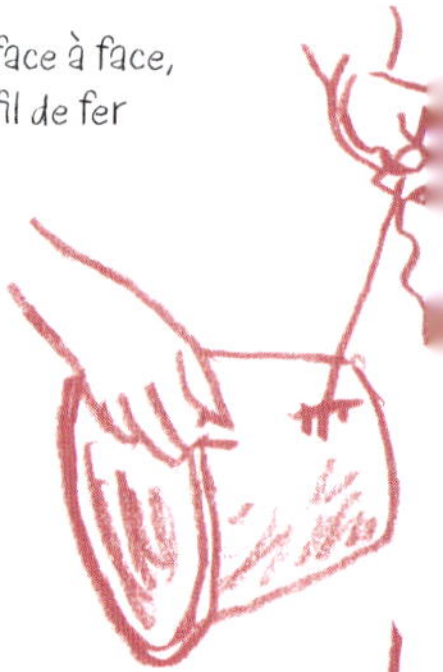

Ensuite on coud, avec un point simple : on rentre d'un côté, on ressort de l'autre, puis on se décale. Si c'est difficile de ressortir (on ne peut pas passer sa main dans un bidon !), on peut utiliser une aiguille courbe. Ça va mieux en cousant avec le fil très lâche, et en resserrant seulement une fois qu'on a enfilé tous les points.

PLASTIQUE MAGIQUE

Pour que la réparation soit étanche, il faut la souder avec une sorte de colle : un bout de sac en plastique entortillé ou de cordage synthétique, auquel on met le feu. Ça grésille, ça fume, ça pue... et ça finit par dégouliner en gouttes enflammées. Le but, c'est de les faire tomber sur la soudure et sur les trous de la couture pour tout boucher. C'est aussi de ne pas se prendre une seule goutte de ce truc qui peut provoquer une très, très mauvaise brûlure.

Cette colle-mastic plastique magique ne sert pas que pour les bidons : c'est un moyen de réparer des objets en plastique, mais aussi de fixer les assemblages branlants, de coller définitivement un brêlage qui risque de se défaire... Bref ça sert un peu à tout, mais... attention de ne pas se brûler et de ne pas respirer les fumées pourries qui se dégagent du plastique brûlant !

Pour remplacer un bouchon manquant, on peut adapter un bouchon à vis trop grand en enroulant un bout de chiffon ou de plastique autour du goulot, dans le sens du vissage. Sinon, on taille une « pinoche », un bout de bois un peu conique, et on l'enfonce, toujours en intercalant un chiffon ou un bout de sac de supermarché.

LE SEL

On ne risque pas trop de manquer de sel, au milieu de l'océan ! Notre mini-marais salant, au départ, c'est plutôt une expérience, histoire de voir si ça marche... Mais le sel récolté trouve plein d'utilisations, qu'on le mange, qu'on s'en serve pour conserver le poisson, ou pour la pêche...

Mona et Max nettoient, sur une dalle de rochers presque plate, une mare asséchée. Ils y versent ensuite quelques baquets d'eau de mer, jusqu'à ce qu'il y en ait quelques centimètres d'épaisseur. Le soleil et la brise se chargent d'évaporer l'eau, qui devient de plus en plus salée.

Pendant une dizaine de jours, à deux ou trois jours d'intervalle, on remet un peu d'eau de mer pour refaire le niveau. Comme l'eau s'évapore à nouveau, elle est de plus en plus salée.

Évidemment, il faut qu'il fasse beau et sec pendant un bon bout de temps... S'il pleut, l'eau douce dilue le sel ; on attend que le vent et le soleil refassent leur boulot d'évaporation !

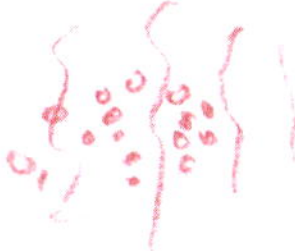

Bientôt, on voit à la surface de petits cristaux qui se forment... Ça y est, il y a tellement de sel dans l'eau qu'il ne peut plus rester dissous dedans.

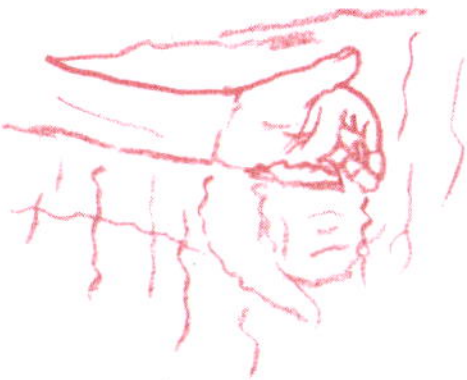

Pour récolter le sel, on le « cueille » à la main, délicatement.

Encore quelques jours (sans rajouter d'eau) et on peut récolter les flocons de sel, de plus en plus gros, qui se sont formés à la surface et sur les bords de la flaque. Pas la peine d'attendre que toute l'eau se soit évaporée.

On dépose cette « fleur de sel » sur le bord, à sécher, puis on peut la mettre de côté... à l'abri de la pluie !

LA CUISSON DU POISSON

Denrée de fête, le poisson est préparé par celui qui l'a pris. Une broche de bois vert peut faire l'affaire, même si la chair risque de se défaire et de tomber quand elle cuit. Il vaut mieux en tout cas tenir la broche À CÔTÉ du feu, pas au-dessus. C'est moins risqué et c'est moins chaud, ce qui évite que le poisson brûle en surface sans cuire au cœur.

Suivant la taille et la raideur du poisson, on peut l'embrocher de différentes manières...

... mais si on veut être sûr de pas retrouver sa prise dans le feu, il vaut mieux l'attacher à la broche.

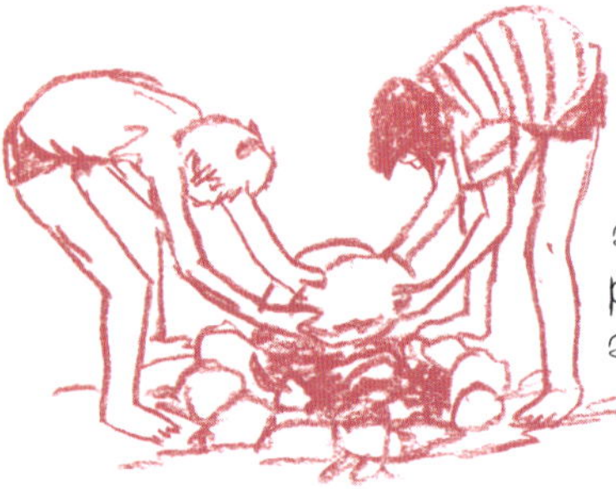

GRILLADE UNILATÉRALE

Les filets de poisson peuvent être grillés sur une pierre plate que l'on a mise à chauffer dans le feu. On les pose dessus, la peau avec les écailles au contact de la pierre, et on attend... Quand c'est juste cuit sur le dessus, c'est prêt ! On récupère la chair des filets en laissant la peau collée à la pierre. Les gourmets ajoutent un peu d'aneth ; en tout cas c'est un vrai, vrai régal.

La pierre retourne au feu ou à la mer pour la « vaisselle » !

UNE SORTE DE PAPILLOTE

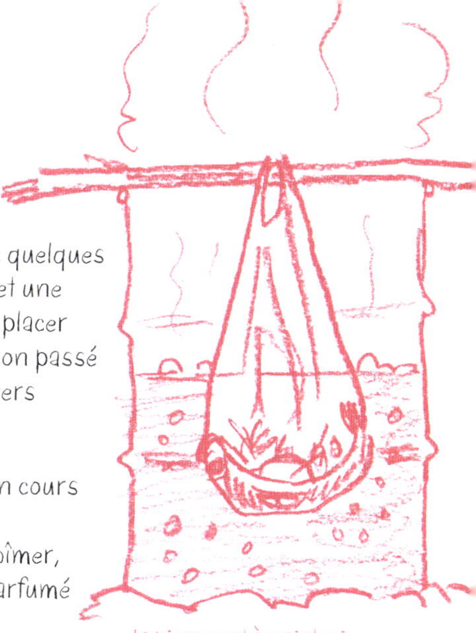

La meilleure façon de faire cuire les poissons entiers, c'est de les mettre dans un sac en plastique — propre ! —, éventuellement avec quelques brins d'aneth et des algues vertes, et une pierre (oui, un petit galet)... puis de placer le tout dans la marmite, avec un bâton passé dans les anses du sac, posé en travers de la gamelle.

C'est facile de ressortir le poisson en cours de cuisson, pour voir si ça avance. Quand il est cuit, on le sert sans l'abîmer, et en plus il est tout savoureux et parfumé par les herbes qui ont cuit avec !

La pierre sert à maintenir la « papillote » immergée.

C'EST BON AUSSI QUAND C'EST CRU

La cuisine, c'est une histoire un peu fastidieuse, et il y a plein de choses qu'on s'habitue à manger crues... voire vivantes, comme les coquillages. Une fringale à marée basse, c'est vite réglé avec une douzaine de berniques ou d'huîtres ouvertes, ou plutôt éclatées, à coup de cailloux !

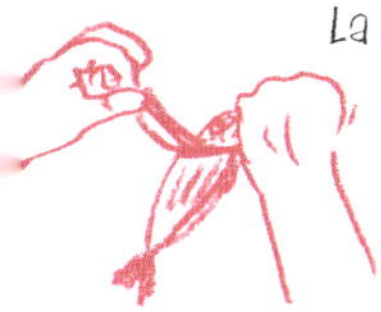

La chair des poissons pourrit vite, sauf si on prend la peine de la débiter en lamelles, que l'on frotte avec du sel, et que l'on fait sécher en plein vent. Plus c'est coupé fin, plus ça sèche vite.

On a boutiqué un séchoir avec une perche, et des petits bouts de branches au sommet.

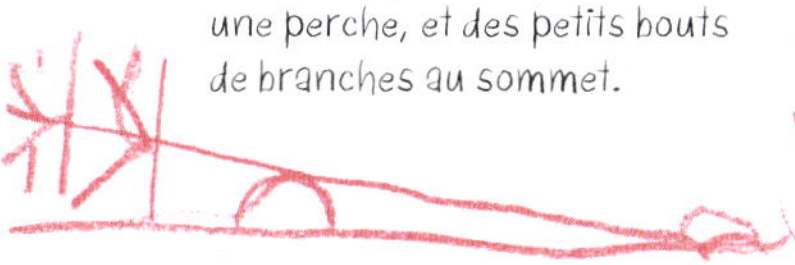

On y pique les lamelles de poisson salé.

On la dresse pour qu'ils sèchent : là-haut, il y a plus de vent et pas de mouches !

Le lendemain soir c'est prêt : le goût est plutôt fort, mais pas mauvais.

LE BON REPAS

Manger avec les doigts, bâfrer à pleines mains, c'est une profonde joie de la vie sauvage. Quand c'est chaud ou trop liquide, tous les moyens sont bons pour se faire un service de table.

SERVICE DE TABLE

Pot de yaourt, capuchon de bombe aérosol percé de part en part avec une baguette comme manche

Boîte de glace

Cul de bouteille en plastique, pour puiser directement dans la marmite

La Coupe du monde et la Coupe des Îles :

Mona a coupé un ballon en plastique en deux hémisphères... Deux bols chic, souples et solides.

Fourchette taillée dans un rameau fourchu, à deux ou trois dents

Cuiller taillée dans un bout de bois tendre

Fourchette-trident en bois et en fil de fer

Cuiller en coquillage emmanché : très classe, mais un peu fragile

À TABLE !

Les journées filent à cent à l'heure
et le soir, on a tous besoin de se retrouver
pour partager quelque chose, tranquillement,
même si c'est une grosse pâtée aux algues...
du moment qu'elle est préparée avec amour !

Chacun son tour, on fait de son mieux pour
préparer des choses bonnes et belles...
Max et Marie rivalisent de sophistication
sur les manières de cuire et même
d'assaisonner, au fenouil, à l'ail sauvage,
à l'algue poivrée...

Parfois on se contente de manger sans trop se plaindre...
Dans les cas extrêmes de bouffe ratée, cramée, ou justement pas
cuite, et pour peu qu'il pleuve, il n'y a plus qu'une chose à faire :
le Grand Concours du Menu Royal De Luxe.

MOI JE L'AIME BIEN, CE RESTO.
PAS DE COCA, MAIS C'EST À VOLONTÉ !

MARIE

À BOIRE !

Nos premières explorations de l'île nous ont rassurés sur un point vital : au moins tant qu'il ne s'assèche pas, le ruisseau nous évitera de souffrir de la soif. Il faut quand même faire des réserves, et essayer d'autres sources d'eau potable, au cas où.

TRUC À NE PAS FAIRE,

MAIS QU'ON A FAIT QUAND MÊME,

ET AUTRES TRUCS À FAIRE,

MAIS QU'ON N'A PAS FAITS

Quand Ian et Marie ont trouvé le ruisseau, ils ont goûté, un peu timidement, d'abord, et puis... l'eau était bonne, elle était fraîche, et il faisait soif... Pour finir, on s'est tous abreuvés comme des chameaux.

Personne n'est tombé malade, mais il aurait sans doute fallu au moins explorer le ruisseau jusqu'à la source, vérifier qu'il ne s'écoulait pas d'une mare putride ou qu'aucun animal mort ne le polluait... L'un de nous aurait pu goûter un peu d'eau, attendre de voir les effets qu'elle produisait, en boire un peu plus, attendre, etc.

Il aurait sûrement mieux valu la purifier, la filtrer, la stériliser... C'était sans doute idiot de courir ainsi le risque de nous retrouver neutralisés par les coliques et la diarrhée !

Comme tout le monde, on a grandi dans la méfiance envers l'eau des ruisseaux ou des mares, et on sait bien qu'en principe, il faut prendre garde à la qualité de l'eau avant de la boire...
Pourtant, sans laper la première flaque croupie sur notre passage, on se rend compte qu'ici, on n'a pas besoin de faire aussi attention aux sales bestioles qui contaminent l'eau, si souvent, et qui viennent souvent des déjections animales ou humaines.
Pour une fois, loin des égouts des villes et des fumiers des campagnes, la vie est plus facile sur l'île !

L'EAU COURANTE, L'EAU DU PUITS

Le plus souvent, quand on voit un ruisseau qui coule en surface, il y a aussi de l'eau en dessous, plus propre.

On creuse un « puits » de soixante centimètres de profondeur À CÔTÉ du cours du ruisseau, un peu en amont du campement : là, pas de risque que notre installation ou nos restes de nourriture polluent le puits. Trop près du rivage, le sol est salé, l'eau serait saumâtre. l'eau qui a couru en surface, en ramassant éventuellement des saletés ou de la boue (surtout après la pluie), ne se déverse pas dans le puits ; celle qui sourd au fond du trou a été filtrée par le sable.

On consolide les bords du « puits » avec des branchages pour ne pas qu'ils s'éboulent au fond continuellement. Il faut quand même creuser à nouveau régulièrement, et laisser le sable retomber au fond avant de se resservir.

On y puise quand on veut avec une boîte en plastique qu'on laisse à proximité.

Un couvercle de branches évite que l'eau chauffe au soleil ou que des bestioles ne tombent dedans. L'infusion de charogne, non merci !

Si on trouve que l'eau est trouble, qu'elle a mauvais goût, on peut la laisser décanter avant de la boire, dans une bouteille par exemple. Au bout de quelques heures, les particules sont tombées au fond ; on peut transvaser doucement, sans agiter le bouillon ! Quelques bouts de charbon du feu (sans la cendre !) aident à débarrasser l'eau de son odeur.

TOMBÉE DU CIEL

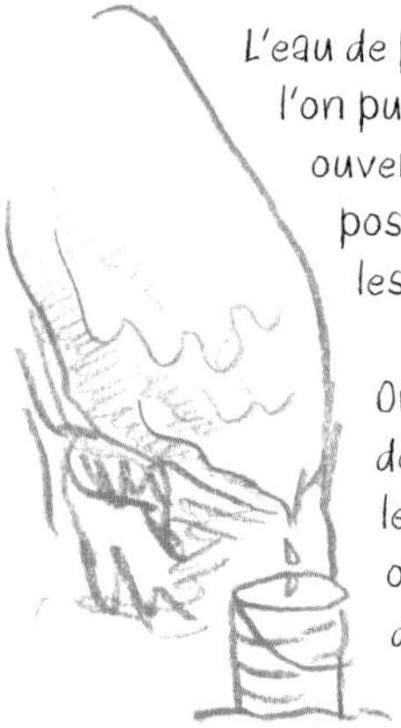

L'eau de pluie est la meilleure, la plus pure et la plus saine que l'on puisse trouver. Sous l'averse, on ne court pas la bouche ouverte, on s'active sérieusement pour en recueillir le plus possible, sans qu'elle soit polluée par le sel ou par les saletés.

On peut recueillir l'eau qui s'écoule au bas d'une dalle de rocher, une fois que la pluie l'a nettoyée du sel que les embruns y ont déposé. Fañch a repéré un coin où ça ruisselle bien, mais il a pris la peine de le nettoyer de quelques fientes de goéland avant de récupérer cette eau.

Une toile ou une bâche, une fois bien rincée, c'est l'idéal. On l'accroche (ou mieux, on l'étale sur un sol en pente) et on fait un pli avec le bord inférieur, pour que l'eau s'écoule jusqu'au coin le plus bas, façon gouttière. Il n'y a qu'à récolter à l'arrivée ! C'est comme ça que les navigateurs recueillent l'eau de pluie qui ruisselle sur leurs voiles.

DES RÉSERVES SÛRES

Les bouteilles vides ne manquent pas au bord de l'eau, venues de tous les rivages de l'océan ou presque ! Bien rincées, elles permettent de garder notre précieuse et pure eau de pluie pendant quelques jours, au frais, sous le sable, à l'ombre des rochers.

Il paraît qu'en mettant des bouteilles transparentes au soleil, les rayons ultraviolets tuent les micro-organismes qui s'y trouvent. Nos tentatives ont donné naissance à un bouillon vert-brun pas engageant.

En cas de besoin, on décide de stocker de l'eau vraiment sûre. La seule méthode garantie à cent pour cent, c'est de la faire bouillir pendant 10 minutes au moins. C'est d'ailleurs, sans doute, ce qu'il faudrait faire tout le temps pour être sûrs que personne ne tombe malade.

On fait bouillir l'eau dans les bouteilles qui serviront à la stocker, comme ça tout est garanti stérile ! Cette eau bouillie n'est pas très bonne au goût, un peu « plate », mais elle devrait se garder indéfiniment.

Faut bien penser à desserrer les bouchons pendant la « cuisson », sinon les bouteilles explosent !

POUR LES JOURS DE GRANDE SOIF

Selon la météo, notre ruisseau donne plus ou moins d'eau, et nous savons bien que nos réserves ne nous permettraient pas de tenir très longtemps si la source venait à se tarir. On envisage donc d'autres techniques pour diversifier nos sources d'eau... avec plus ou moins de succès. N'empêche, c'est un exercice intéressant et ça nous donne le sentiment de pouvoir faire face en cas de problème.

PEUT-ON BOIRE L'EAU DE MER ? PEUT-ON BOIRE SON URINE ?

Tom a retenu la leçon d'Alain Bombard, un médecin fameux qui a survécu en « naufragé volontaire » pendant toute une traversée de l'Atlantique. L'eau de mer, affirme-t-il, ne peut pas remplacer l'eau douce, mais elle peut, en dernière extrémité, venir en complément, pour faire durer les réserves d'eau vraiment potable. Par exemple, un jour sur deux. À condition de ne pas s'alimenter quand on en boit ! Ce n'est pas une boisson à proprement parler, car elle contient trop de sel et de minéraux pour nos reins, et sa consommation nécessite de l'eau douce pour les éliminer.

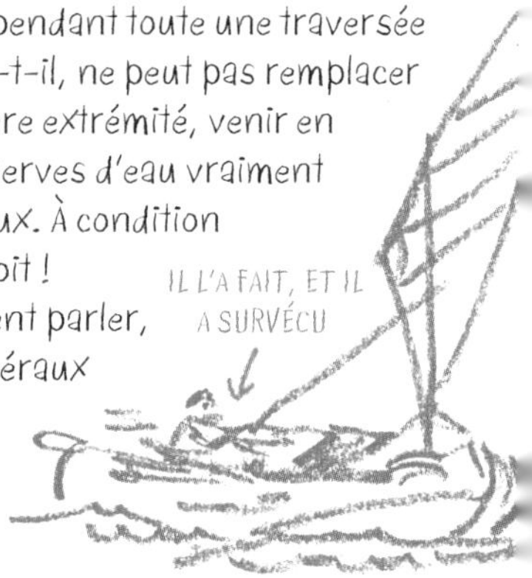

L'urine, a fortiori, est non seulement salée, mais aussi chargée des toxines que notre corps rejette... Bref, c'est encore moins recommandé, même si ce n'est pas un véritable poison. On retient ces leçons pour d'éventuels jours de grande détresse, qui ne sont heureusement pas survenus.

Le même « naufragé volontaire » a observé que le corps des poissons était moins salé que l'eau de mer, car leurs reins évacuent le sel. On pourrait donc boire du jus de poisson pour se désaltérer ! À condition d'avoir un presse-poisson sous la main, si ça existe !

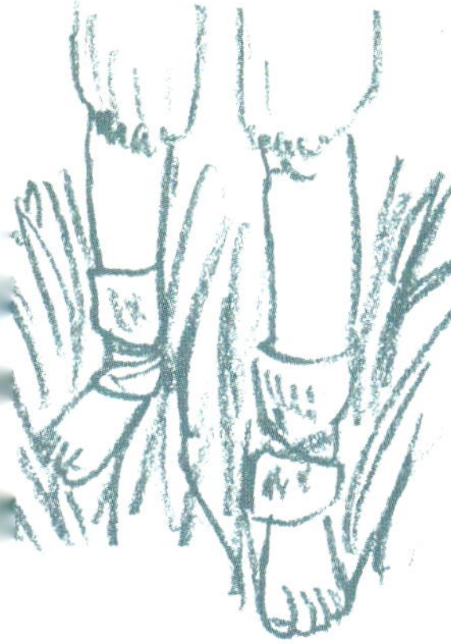

Tom utilise une méthode des aborigènes d'Australie pour profiter de la rosée : au lever du jour, il entoure ses chevilles de chiffons de coton et part dans la lande. Une fois que les chiffons sont imbibés d'eau, il n'y a plus qu'à les presser. En une demi-heure, il récolte environ trois gobelets d'eau buvable.

Les tiges des roseaux encore verts (avec des feuilles encore enroulées autour) laissent s'écouler une eau douce quand on les coupe. Ian les recourbe avec une ficelle et y attache un gobelet où l'eau s'écoule goutte à goutte. Ça ne va pas vite, mais ça se fait tout seul !

LES GRANDS TRAVAUX : Fañch et Max se sont lancés dans la distillation d'eau douce sur la plage, à la chaleur du soleil. Un travail de fous, qui produit, aux heures les plus chaudes, un goutte à goutte d'eau amère... Il faudrait au moins quatre ou cinq distillateurs comme celui-là par personne ! Ça marcherait sans doute mieux s'il faisait beaucoup plus chaud ; bref, ce serait une bonne ressource dans un coin sans eau douce de surface du tout, ou pendant une phase de canicule.

L'eau des feuillages et des herbes s'évapore, puis se condense sur le plastique. Elle ruisselle jusque dans le récipient.

C'EST PAS VRAIMENT MAUVAIS,
FAUT JUSTE PENSER À UN TRUC BON
AU MOMENT OÙ TU LE MANGES.

MONA

MAUVAISE CHASSE, BONNE CUEILLETTE

Tous les oiseaux et les mammifères du coin sont comestibles, et on ne ferait pas la fine bouche devant un morceau de viande… surtout Tom, notre grand ami des bêtes. Lui, il les adore, toutes, et il pourrait aussi les assassiner sans aucun état d'âme, à mains nues s'il le fallait, pour les becqueter. Les autres font de piètres chasseurs : comme quoi on peut rêver d'un lapin rôti à la broche, mais ne pas être très à l'aise s'il s'agit de zigouiller une bestiole innocente, ou de dépiauter un brave animal pris au piège.

L'ARSENAL DES BREDOUILLES

On se voyait bien, d'abord, en chasseurs des temps premiers, avec des arcs, des flèches, des lance-pierres et des frondes, et pourquoi pas des lances ou des sagaies, traquant le gibier ou le tirant à l'affût.

ÉPIEU : Long, solide, avec pointe durcie au feu. Sûrement très efficace contre les loups.

ARC : Une branche de noisetier. On fait deux encoches, on la tord pour attacher le fil.

FLÈCHE : On fixe un clou à la pointe. L'empennage est fendu et garni d'une plume de goéland, pour qu'elle vole à peu près droit. On resserre la base avec du fil de pêche.

FRONDE : Bon moyen de blesser un copain.

BOLAS : Trois sacs de pierres réunis par des ficelles… Sans doute redoutable, mais surtout pour la chasse à l'aurochs.

BOOMERANG : Ambitieuse tentative de Tom, qui a passé une demi-journée à le tailler dans une branche fourchue. Un essai. Jamais revenu. Pas retrouvé. Les kangourous de l'île respirent.

Le hic, c'est qu'on est à peine assez précis pour égratigner un pachyderme à dix pas, et que les mammouths manquent cruellement ici. Notre première et unique partie de chasse dans l'île se termine en ramassage d'escargots des dunes qui finissent à la soupe... Même pas bon !

Toutes ces armes servent surtout, finalement, à des concours de tir beaucoup plus intéressants que la traque du gibier.

PARADOXE

D'un côté, on passe notre temps à dézinguer des berniques, on tue des crevettes et des poissons sans aucun état d'âme. De l'autre, même si on joue à tirer sur des lapins en bois et des cibles en forme d'oiseaux (inutile de préciser qu'on ne s'exciterait pas du tout de la même manière sur une cible en forme d'huître ou de moule...), on sait qu'on serait à peu près incapables de tuer un de ces animaux de nos mains, pour de vrai. Faut croire qu'on n'a pas la vraie mentalité de la survie !

UN PETIT GOÉLAND RÔTI, ÇA VOUS DIT ?

Il y a plein d'histoires de navigateurs ou de peuples du littoral qui mangent des cormorans et des œufs de puffins dénichés dans les falaises. Rien ne serait plus facile que d'assassiner un petit goéland : ils ne volent pas encore, ils ne courent pas très vite, et ils se fatiguent rapidement ; il suffirait de les poursuivre et de leur lâcher une grosse pierre dessus. Oui, mais... aurait-on le cœur trop tendre ? Ne serait-on pas assez affamés ? Ou est-ce à cause de la sale réputation des oiseaux de mer ? On ne les écrabouille pas.

Pour ce qui est des œufs, ce n'est pas la saison des nids... ce qui règle une question pas ragoûtante non plus : qu'est-ce qu'on aurait fait en cassant les œufs et en trouvant des poussinets tout gluants dedans ? Pas une omelette en tout cas. On garde l'idée des goélands en réserve.

LES PIÈGES

Le prédateur en Tom ne baisse pas les bras après ses premiers échecs. Il change d'approche et adopte une technique plus raisonnable, a priori : de chasseur, il se fait trappeur. Il ne s'agit pas de poursuivre le gibier, mais de le prendre au piège. C'est vrai que ça paraît plus malin : on repère le passage des animaux, on pose un piège, et on revient relever les prises quelques heures plus tard. Ça, c'est la théorie...

Tom a tendu un bout de filet de pêche pas trop déchiré entre les arbres, en espérant que les passereaux s'y prendront.

Des petites crottes rondes bien reconnaissables, des coins d'herbe rase qui doivent avoir été grignotés par les rongeurs, et des pistes dans les fourrés... Il doit y avoir des lapins par ici !

Tom pose des collets pour les attraper au passage. Il prépare soigneusement ses petits lassos de fil de pêche, lavés à grande eau pour ne pas qu'ils gardent son odeur, et frottés avec les herbes environnantes.

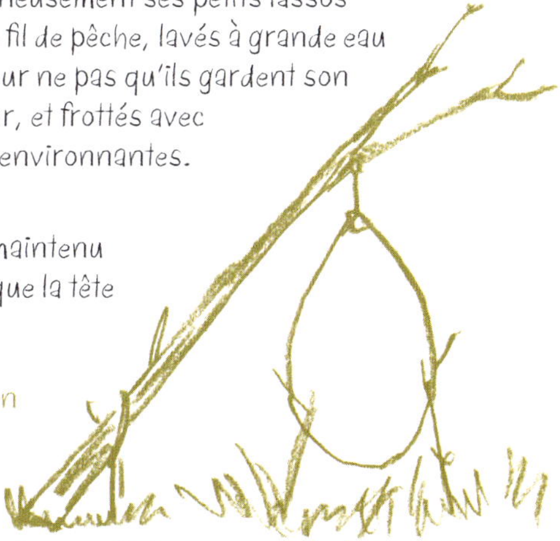

Le collet est posé à ras du sol, maintenu ouvert par des brindilles pour que la tête de la victime s'y engage.

Tous ces pièges ne donnent rien pendant quelques jours... Tom finit par les enlever : de toute façon, il ne revient plus les relever régulièrement, et ce serait dommage qu'ils finissent par tuer une bestiole pour rien. On retourne jouer aux grands chasseurs en tirant sur des cailloux !

Dans la bande, c'est Marie qui est la moins ignare dans la science ancestrale des plantes... Quand on se balade avec elle, l'île prendrait presque des airs de jardin, avec, à chaque détour, une petite verdure à se mettre sous la dent. On finit par en savoir au moins assez pour éviter les plantes dont il faut vraiment se méfier, et ce qu'on peut grignoter sans danger, voire avec plaisir !

Certaines plantes finissent par devenir familières, et notre œil les repère de plus en plus facilement. On a fini par en rebaptiser quelques-unes des noms des bonbons bien industriels et bien chimiques qui nous manquent le plus. Ça nous fait encore rire au bout de plusieurs semaines.

« J'ai cueilli plein de Dragibus ! Qui en veut ?
– Non merci, j'ai déjà abusé des racines de Tagada ! »

PLANTES QU'ON NE CUEILLE JAMAIS

On ne cueille jamais...
... DE PLANTES DOUTEUSES, qu'on ne connaît pas de façon certaine, surtout si ce sont des ombellifères, celles qui portent des fleurs en forme d'ombrelles, ni de tout ce qui ressemble à des carottes sauvages, tout simplement parce qu'on sait que la cigüe et la carotte à moreau — des poisons mortels — font partie de cette famille.

... DE CHAMPIGNONS, d'aucune sorte, là encore parce qu'on ne s'y connaît pas vraiment à cent pour cent, et qu'on tient à notre peau.

BOLET QUELQUE CHOSE

LAURIER-ROSE

... DE LAURIER, de peur de le confondre avec du laurier-rose, un autre poison commun à éviter. Même pour faire le feu, on évite le laurier, car les fumées du laurier-rose sont toxiques aussi.

BOIS-GENTIL

... DE BAIES : il y a dans la nature un paquet de baies vraiment dangereuses, comme les fruits de l'if, ceux du houx, du troène, du lierre, du muguet, du sureau rouge, du gouet, de la belladonne ou du bois-gentil qui en fait n'est pas gentil du tout. On n'aurait pas eu de mal à reconnaître des myrtilles, des airelles ou des groseilles, mais on n'en a pas trouvé !

Personne ne s'est empoisonné, et c'est sûrement parce qu'on n'a mangé que des plantes qu'on était sûrs de reconnaître. On sait bien que les poisons contenus dans les plantes peuvent mettre longtemps à agir : dans les films, les imprudents tombent à la renverse juste après avoir mangé, mais en vérité, ce n'est pas parce qu'on se sent bien dans les heures suivant l'ingestion d'une plante qu'on ne va pas y laisser de plumes plus tard.

DÉLICES À GRIGNOTER

Ce sont nos friandises à nous. Des petites pépites qui réjouissent les papilles fatiguées des coquillages et des algues bouillies… Pas forcément des récoltes énormes, mais de quoi grignoter pendant nos virées dans les terres, et de quoi rapporter au campement pour le soir, façon salade !

MÛRES

À mesure que la saison avance, les mûres… mûrissent. Un petit goûter-razzia dans les ronciers de temps en temps, c'est le régal assuré ; tant pis si on en revient griffé de partout !

Les mûres sont à peu près le seul fruit sucré que nous ayons à nous mettre sous la dent… Les fraises des bois qu'on pensait avoir trouvées sont en fait des duchesnées, qui leur ressemblent beaucoup, qui sont sans danger, mais absolument insipides !

NOISETTES

Même vertes, elles sont délicieuses. On les cueille sur l'arbre : celles qui tombent à terre sont vite attaquées par des vers minuscules qui transpercent la coquille.

POURPIER

Les feuilles crues sont croquantes, juteuses, un peu acides, délicieuses !

PETITE-OSEILLE

Elle donne des feuilles un p
acides qui se grignotent bien, quand on tombe dessus dans un coin caillouteu

FENOUIL, ANETH

On ne sait pas trop faire la différence entre les deux : le premier est censé être plus doux, le second, plus fort et plus coriace… Tous les deux sont comestibles et ont un goût anisé excellent.

Toute la plante se mange, même si les tiges sont coriaces à la longue. On s'en sert aussi pour parfumer les poissons qu'on fait griller.

À SAVOURER DANS LES ROCHERS

CRISTE-MARINE

On la cueille et on la grignote, comme la salicorne, au hasard de la pêche à pied, car c'est une des rares plantes qui arrive à pousser dans les rochers.

SALICORNE

Délicieuse, croquante, fraîche, un régal des rochers. Comme la criste-marine, on peut aussi la manger cuite, mais c'est dommage !

À LA SOUPE !

Voici les « légumes » de notre grand potager sauvage. On peut les faire bouillir avec la récolte de fruits de mer du jour, mais c'est bon, parfois, de changer un peu, et de les préparer à part !

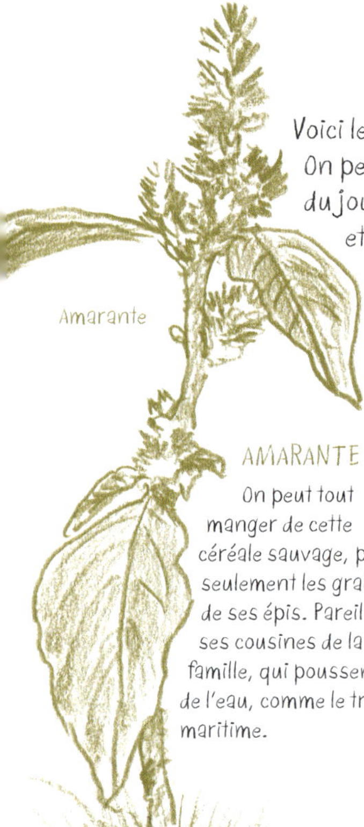

Amarante

AMARANTE

On peut tout manger de cette céréale sauvage, pas seulement les graines de ses épis. Pareil pour ses cousines de la même famille, qui poussent au bord de l'eau, comme le troscart maritime.

Troscart

ROSEAUX

Tous les roseaux et autres bambous sont comestibles, même la racine, que l'on peut faire sécher, lavée, et écraser... mais ce sont surtout les pousses vertes, encore bien tendres, douces, qui valent le coup. Ian les fait tremper quelques heures pour les attendrir, puis griller au feu. Succulent !

Jeunes pousses de roseaux

OYAT, OU ROSEAU DES SABLES

L'oyat pousse dans le sable des dunes. Les jeunes pousses et surtout les racines sont bonnes à manger.

ORTIES

Une fois lavées à l'eau de mer et bouillies, elles ont un goût délicieux qui fait oublier toutes les brûlures ! En fait, quand on se protège bien les mains et les bras, on peut en récolter une bonne brassée assez rapidement sans se faire mal.

PISSENLIT

On cueille les feuilles de pissenlit, qui se mangent crues ; les racines doivent être cuites.

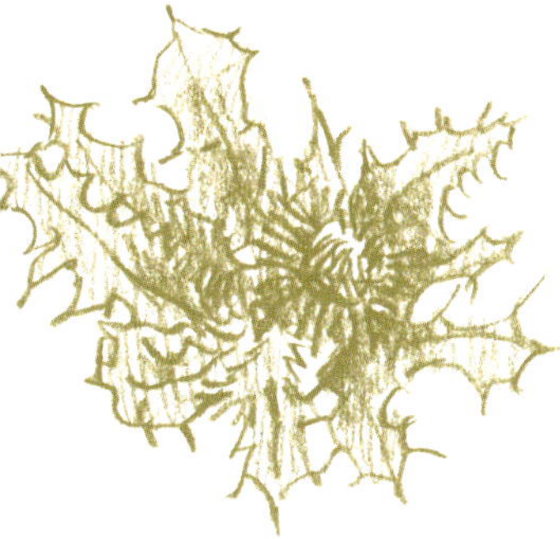

CHARDONS

Les racines de chardon bouillies ont un petit goût douceâtre, genre artichaut.

Racine de chardon

AIL DES BOIS, AIL DES OURS ET COMPAGNIE

Il y a plusieurs espèces d'ail et d'oignon sauvages, toutes excellentes. Pour les reconnaître, c'est facile : du moment que ça ressemble à de l'ail ou à une sorte de ciboulette ET que ça a une odeur d'ail ou d'oignon, c'est bon... À l'odeur, on les différencie sans erreur possible des plantes qui leur ressemblent, mais qui ne sont pas comestibles. On mange aussi bien les tiges que les fleurs, et bien sûr les bulbes... bien cuits, pour ceux qui n'aiment pas les sensations fortes.

PLANTAINS

Les feuilles de plantain sont délicieuses, crues ou cuites. Celles du plantain lancéolé, qui pousse parmi les herbes hautes, sont moins amères mais celles du plantain qui pousse près de la mer sont bonnes aussi.

Fleur de plantain

DANS LE SABLE ET LES CAILLOUX, PRÈS DE L'EAU

CHOU MARITIME

On n'a pas fait pas trop de manières pour cueillir cette espèce de chou sauvage, délectable mais protégée et donc interdite, normalement. Les tiges, bouillies ou crues, font penser à des asperges. Après une bonne ventrée de chou maritime, il faut éviter de se tenir sous le vent de ses amis, si on ne veut pas être asphyxié !

BLETTE MARITIME

Ce n'est autre que la version sauvage, un rien rustique, de la betterave. Tout se mange, du bout des feuilles à la racine.

Racine de blette maritime

TU PEUX PAS ME PRÊTER
JUSTE UNE TONG ?
POUR L'AUTRE PIED,
J'AI CE QU'IL FAUT.

TOM

S'HABILLER

À quelques années-lumière de la première galerie marchande, chacun s'habille à sa manière, avec ce qu'il a sous la main. Quand le temps se rafraîchit et qu'on s'emmitoufle de toutes nos guenilles à la fois, on a l'air d'une joyeuse bande d'épouvantails, rapiécés, vêtus de sacs, de bâches, de pagnes en loques, chaussés de godillots dépareillés vaguement tenus avec des ficelles, qu'on se refile selon les besoins. Ça ferait une belle photo de groupe ! Le plus beau, c'est qu'on en est fiers, des dégaines de pouilleux qu'on s'est faites, bien plus que si c'était le dernier uniforme de collégien à la mode.

Il faut faire durer les habits qu'on portait en arrivant ! Aux genoux, aux fesses, aux coudes, partout où ça s'use et où ça craque, on rajoute des renforts bien costauds.

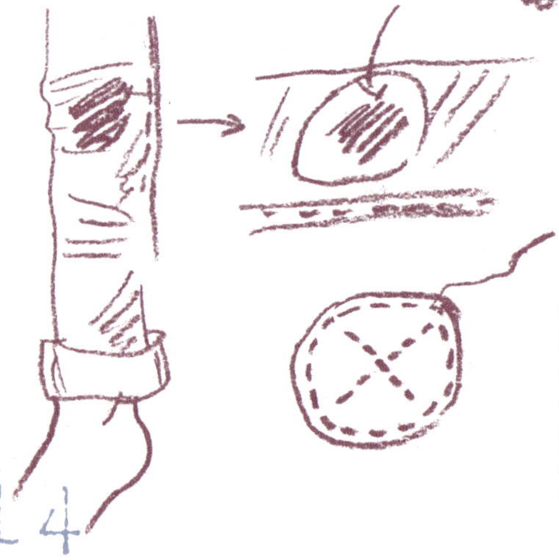

La pièce de renfort doit dépasser largement. C'est mieux si elle n'a pas de coins pointus : c'est par là qu'elle risquerait de se défaire en premier.

On coud d'abord les côtés, puis on rajoute des points par-ci et par-là pour bien que ça tienne. Deux coutures en diagonale suffisent, normalement.

L'été est beau et chaud, mais avec des passages de mauvais temps, et tous les soirs, le temps fraîchit dès que l'ombre descend sur le campement, surtout quand le vent s'y met. Il faut compléter notre garde-robe en tirant parti de tous les bouts de tissu, de bâche, de plastique ou de canot gonflable qu'on trouve.

Un grand sac en plastique fendu fait un capuchon de pluie efficace. On le maintient par une ficelle autour du cou, sinon il s'envole tout de suite. Il faut qu'il couvre les épaules pour ne pas que l'eau dégouline dans le cou.

Mona a fait un poncho avec un morceau de plastique percé d'un trou pour la tête.

« Réutilisez-moi »... C'est écrit sur ce grand sac de supermarché en PVC renforcé. Ian obtempère et s'en fait une solide tunique sans manches en taillant deux trous pour les bras et un autre pour la tête. Il l'a assorti d'un capuchon XXL pour ne pas que l'eau de pluie dégouline par les trous des bras.

Avec une ceinture de sangle ou de cordage, on évite les courants d'air froid sous son « ciré ».

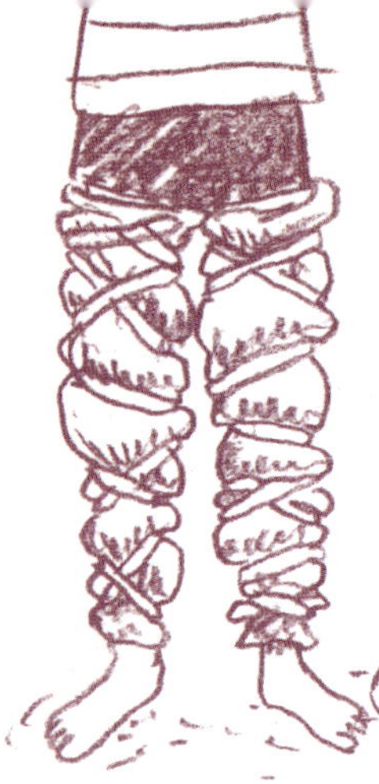

Max remplace le pantalon qui lui manque par des sortes de braies en bouts de sac d'engrais sur lesquelles il entrecroise des tours de ficelle.

Autre technique pour se tenir chaud, on rembourre son T-shirt ou sa tunique de fortune avec des lambeaux, des herbes sèches... et on ficelle le tout par dessus. Pas très efficace, sauf si on superpose plusieurs couches, façon poupée russe.

Contre le soleil, mais aussi contre le froid, on tire parti de tout lambeau pour s'en faire un turban.

MÉTHODE TOUAREG

On enroule dans l'autre sens, en passant par-dessus le menton.

En cas de besoin, on ajoute un sac en plastique par-dessus, attaché par les anses sous le menton. Summum du chic !

OUTILS DE COUTURE

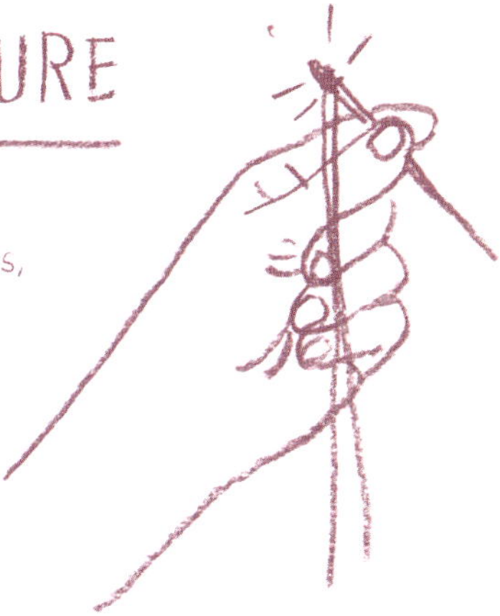

On n'a pas réussi à fabriquer d'aiguilles qui vaillent celles du commerce, bien dures, pointues et fines, et surtout percées d'un chas où passer le fil. Qu'à cela ne tienne ! En se demandant comment on pourrait se servir d'un hameçon pour coudre, Marie a l'idée magistrale et simplissime, au lieu de passer le fil dans l'aiguille, de l'attacher autour !

AIGUILLES À COUDRE

Hameçon redressé

Juste un bout de fil de fer : on l'effile en le frottant sur un caillou

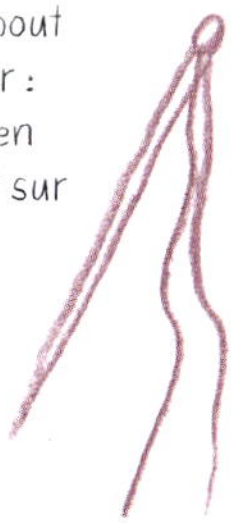

On attache le fil sur l'aiguille avec un nœud d'hameçon ou un simple nœud de cabestan.
Il faut penser à plier et aplatir le bout, pour que le fil ne glisse pas.

Pour coudre dans les tissus fins ou la bâche plastique, une épine d'acacia ou un bâtonnet pointu en bois dur font l'affaire. On creuse une rainure qui fait le tour du gros bout et on y noue le bout d'un fil de pêche fin.

Os de goéland

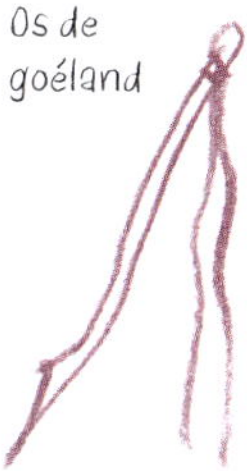

Pour les matériaux coriaces ou les grosses épaisseurs : une pointe bien effilée dont on a limé la tête sur un rocher.

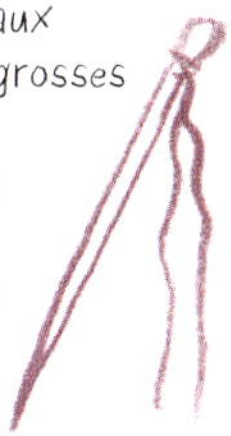

L'ALÈNE

Pour pouvoir coudre avec nos aiguilles qui ne sont pas vraiment d'une solidité à toute épreuve, on perce un avant-trou avec une alène bien solide, une pointe bien acérée emmanchée dans un bout de bois.

POINTS DE COUTURE

Il y a mille manières de coudre, sûrement autant de types de points, mais avec ces trois-là, on arrive à nos fins. C'est pas de la haute couture, mais c'est efficace !

COUTURE SIMPLE

Pas grand-chose à dire, c'est la méthose de base.

Quand on a fini, on repasse 3 ou 4 fois dans les deux derniers trous, et on coupe le fil.

POINT DE SELLIER

Deux fois plus de boulot, mais beaucoup, beaucoup plus solide : on double la couture simple en repassant dans les mêmes trous, mais à l'envers.

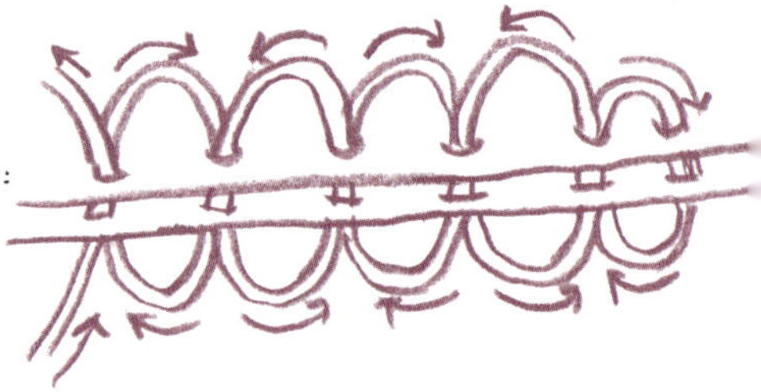

POINT DE VIDELLE

C'est celui que les voiliers utilisent pour rapprocher les bords d'une déchirure. Il faut quand même rajouter une pièce par-dessus pour que la réparation tienne le coup.

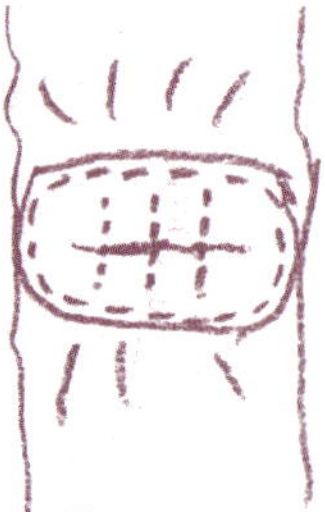

À force d'appuyer pour faire rentrer l'aiguille, on se fait mal aux doigts. Faute de dé à coudre (on n'a rien qui y ressemble, de près ou de loin), on se protège la main (droite) en mettant un vieux gant de pêcheur (gauche) trouvé sur la plage, c'est mieux que rien !

LE MYSTÈRE DES MARINS MANCHOTS

On a trouvé, en tout, trois gants de caoutchouc... tous des gants gauches !

Max a une explication à cette énigme : quand les marins jettent leurs paires de gants usés par-dessus bord, les droits sont souvent plus usés, percés, et ils coulent. Les gants gauches gardent des bulles d'air au bout des doigts et flottent jusqu'à la côte.

SE CHAUSSER

On reste le plus souvent pieds nus, et la plante de nos pieds se renforce bien vite d'une bonne semelle de corne. Pour s'aventurer dans les hauteurs, avec leurs ronces, leurs épines, leurs petits cailloux bien pointus, nos « chaussures » maison font l'affaire.

La mer apporte parfois la dépouille d'une tong plus ou moins pourrie par le sel et le soleil. Les lanières sont « cuites », en général, mais quand la semelle est récupérable, on peut y remettre des fixations en cordage.

En ajoutant une boucle à la cheville, façon spartiate, on évite de les perdre tous les trois pas.

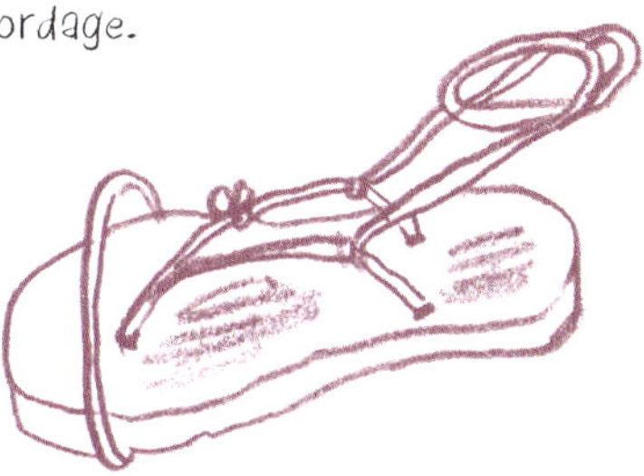

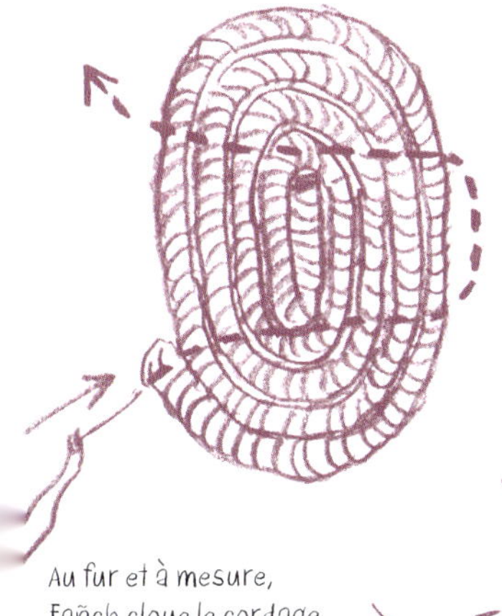

Pour faire une semelle de corde, Fañch enroule un cordage à plat sur une planchette, bien serré. Ensuite, il le coud dans l'épaisseur avec du fil de nylon bien solide, en serrant bien.

Au fur et à mesure, Fañch cloue le cordage à la planche, pour ne pas qu'il se défasse. Ça rend le travail bien plus facile.

LA GRANDE CLASSE !

Les « CHAUSSETTES RUSSES » de Tom sont inspirées des bagnards sibériens qui, paraît-il, étaient maîtres dans l'art de se protéger les pieds avec de simples bandes de tissu... sans que ça se déroule à tout bout de champ.

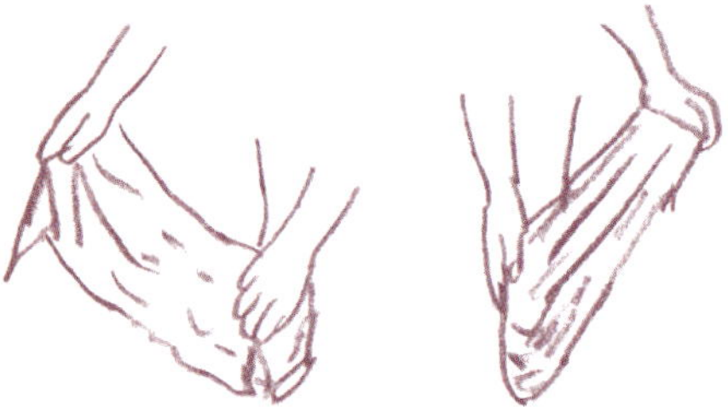

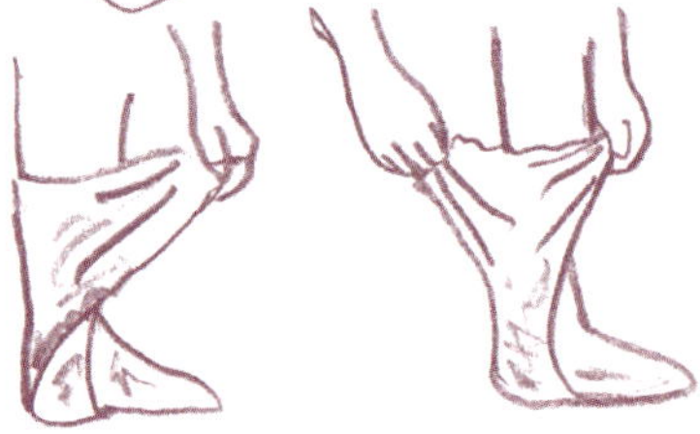

Attention à bien envelopper l'autre pied dans l'autre sens, en miroir.

Marie s'est lancée dans la confection de MOCASSINS taillés dans de la toile de canot pneumatique. Le modèle est indien, le matériau et l'élégance du résultat sont typiques de l'île... (Le vrai mocassin bateau, quoi !)

La toile est découpée sur mesure, autour du pied, posé dessus.

On rabat le dessus sur la semelle, et on coud.

On relève les côtés.

On coud les côtés derrière le talon.

On rentre la semelle à l'intérieur...

... et on passe un lacet dans les encoches.

LE CHIC ULTIME

S'HABILLER... OU PAS ?

On est arrivés sans bagages, et les habits qu'on portait en arrivant sont aussi précieux que fragiles. En plus, ils mettent du temps à sécher, surtout avec le sel qui les imprègne. Alors...

... Est-ce qu'il vaut mieux garder son unique slip pour se baigner et se balader avec ce truc mouillé et froid pendant des heures, ou se jeter à l'eau tout nu ?

... Et si on doit essuyer une averse passagère, est-ce qu'il vaut mieux se couvrir à fond, quitte à faire sécher ensuite ses habits pendant des heures, ou y aller à poil en gardant ses affaires roulées bien au sec pour pouvoir les enfiler quand on sera à l'abri ?

Le bon sens l'a vite emporté sur la pudeur... Ça peut sembler un peu bizarre, mais ici, on vit un peu les uns sur les autres, sans pouvoir cacher grand-chose de notre caractère, de notre personnalité, ni de notre anatomie, finalement.

Fañch et Tom ont vite saisi qu'il valait mieux se baigner tout nus. Il faut dire aussi que la baignade et la toilette ne font qu'un, sur notre île : nulle part on ne garde son maillot pour aller sous la douche ! Tout le monde, comme eux, finit par se baigner à poil, et il faut reconnaître que c'est infiniment plus agréable comme ça.

Après... chacun se dépêche plus ou moins de se rhabiller, séchant et lézardant au soleil quand c'est possible.

Nos vêtements nous protègent moins des regards que du froid, du soleil ou de la pluie, ou encore des plantes et des bestioles piquantes. Au fil de la journée, on alterne nos dégaines de chiffonniers multicouches avec ce « costume premier » qui nous a tous vus naître...

Y'A PAS DE « PETIT BOBO ».
TU COMPTES SUR NOUS,
ON COMPTE SUR TOI.
TU TE BLESSES : ON EST TOUS BLESSÉS.
ALORS TU FAIS GAFFE.

MAX

AUX PETITS SOINS

Pas de vrais malades, pas de grands blessés, pas de drame... Personne n'a eu de grosse galère sur l'île. Heureusement, car une jambe cassée, une infection, même une grosse rage de dents aurait suffi à transformer cette belle aventure en cauchemar, pour le malade et pour ceux qui auraient eu à s'en occuper. En vérité, on le sait bien, et on fait très, très gaffe. On sait, aussi, que pour éviter les gros pépins, il faut veiller aux petits bobos : attention aux coups de soleil, aux plaies, à ce qu'on mange et à ce qu'on boit, et même à la propreté !

Sur une coupure, un tampon d'amadou (prélevé dans nos réserves d'allume-feu), et le sang s'arrête plus vite de couler.

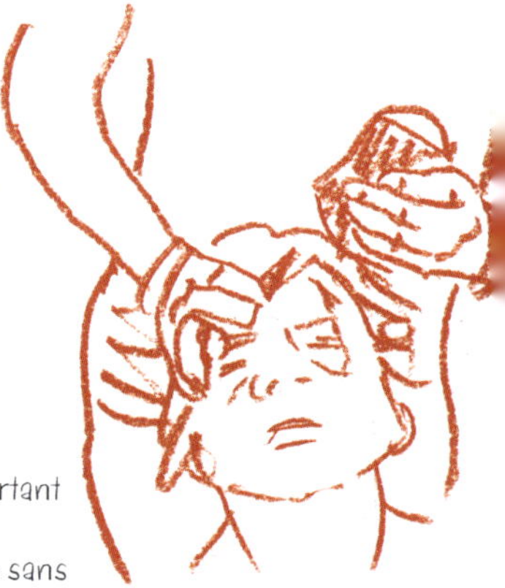

Le plus important pour qu'une plaie cicatrise sans s'infecter, c'est qu'elle reste propre. On lave régulièrement à l'eau de mer (tant pis si ça pique !) et on rince ensuite à l'eau douce propre.

Il vaut mieux ne pas mettre de pansement que de laisser la plaie macérer sous un pansement sale. On laisse à l'air, en évitant juste de trop exposer en plein soleil.

LA BONNE LOTION PARFUMÉE DU Dr MARIE

L'ail sauvage ne sert pas qu'à la cuisine. Son jus évite que les petites plaies ne s'infectent. On peut aussi se frotter à l'ail sauvage pour éloigner les insectes... Vu l'odeur, on comprend que ça les dégoûte !

Pour soulager la cheville tordue de Tom, c'est encore une purée d'ail sauvage que Marie a appliquée et maintenue avec un « bandage » de sac plastique. Et là encore, l'odeur a dû faire fuir la douleur dans la nuit !

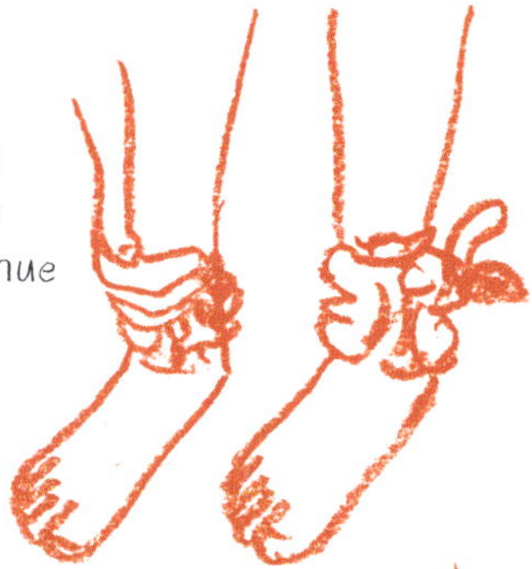

MAGIC PLANTAIN

Le jus du plantain est souverain contre les piqûres d'ortie... Ça tombe bien, il pousse souvent juste à côté. En frottant la brûlure avec une feuille, ça apaise tout de suite.

Les feuilles de plantain écrasées soulagent aussi les piqûres d'insectes, les éraflures, les brûlures légères.

VIVES

Mona s'est fait piquer par une vive sur la plage. Pas de panique, on sait quoi faire car cette mésaventure ultradouloureuse est un classique des bords de mer. Fañch et Max font la chaise pour la porter jusqu'au campement où Ian les précède. Là, on vérifie qu'il n'y a pas de bouts d'arête de vive qui restent, et on met son pied à tremper… dans le bidon d'eau qui chauffait pour la cuisine.

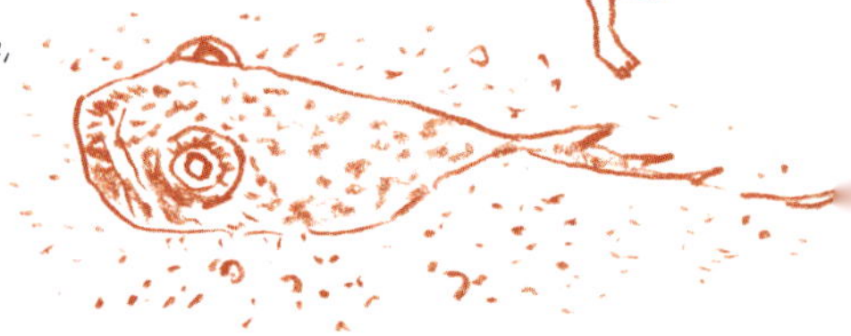

La vive s'est cachée sous le sable, avec ses arêtes venimeuses dressées vers le haut.

Ian a préparé un « bain de pieds » avec l'eau de la soupe, en y ajoutant de l'eau de mer froide jusqu'à ce que la température soit celle d'un bain très, très chaud… En quelques minutes, le venin de la vive est neutralisé par la chaleur.

MÉDUSES & PHYSALIES

MÉDUSE

Même mortes, les méduses piquent encore. Il faut éviter de toucher leurs tentacules (le « chapeau » ne pique pas). Les physalies, dont le vent de sud-ouest pousse parfois les voiles jusqu'à nous, ont des tentacules très longs et vraiment, vraiment dangereux.

PHYSALIE

Si les voiles transparentes des physalies, rose-violets, se pointent, on reste bien au sec et on ne s'en approche pas !

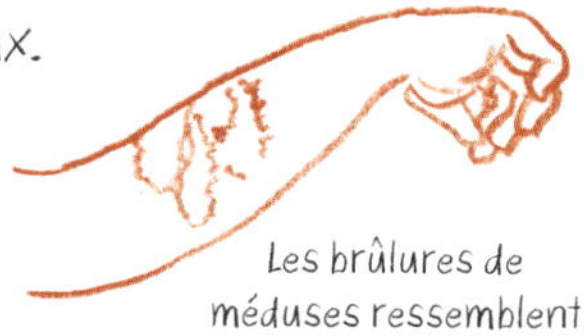

Les brûlures de méduses ressemblent à des marques de fouet grumeleuses. Ça fait maaaal !

On ne rince pas les brûlures de méduse à l'eau douce, ça les aggraverait en répandant le poison. De l'eau de mer, donc, ou de l'eau salée chaude (eh oui, c'est encore le jus de la soupe qui y passe !). Ensuite on peut saupoudrer de sable fin, pour « envelopper » les bouts de tentacules empoisonnés qui restent, et racler doucement avec un bout de plastique ou une lame de métal.

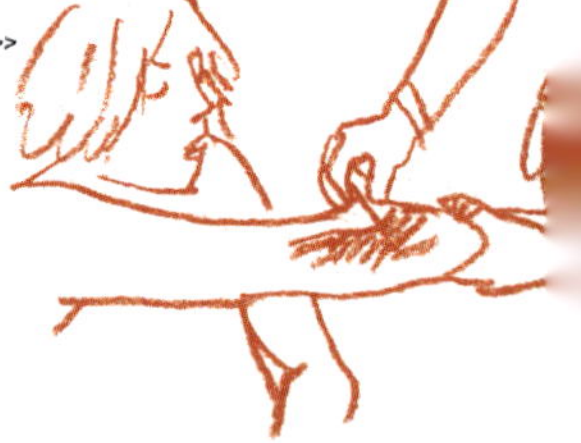

CHIRURGIE-EXPRESS

Fañch est un dur à cuire, mais quand il s'est mis un hameçon dans le doigt, il ne faisait pas le malin. C'est un hameçon avec un barbillon, comme un mini-harpon... conçu justement pour ne pas ressortir de là où il s'est planté. Certains prétendent qu'il faut couper le fil et ressortir le crochet par l'autre bout, mais ce serait une vraie boucherie !

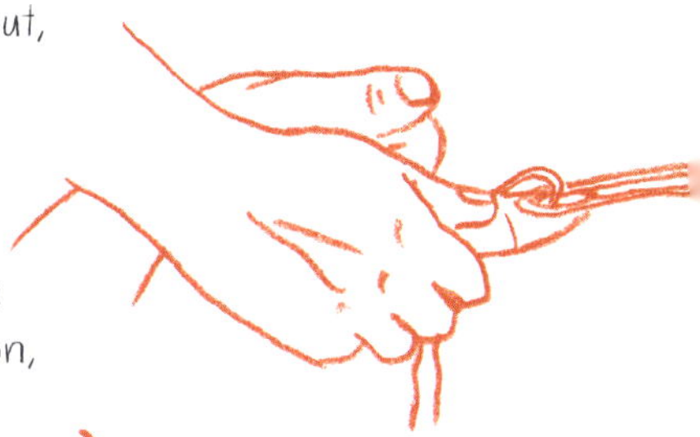

Fañch explique calmement à Marie comment l'aider, avec un bout de fil solide d'une soixantaine de centimètres qu'elle passe sous la boucle de l'hameçon, tout doucement...

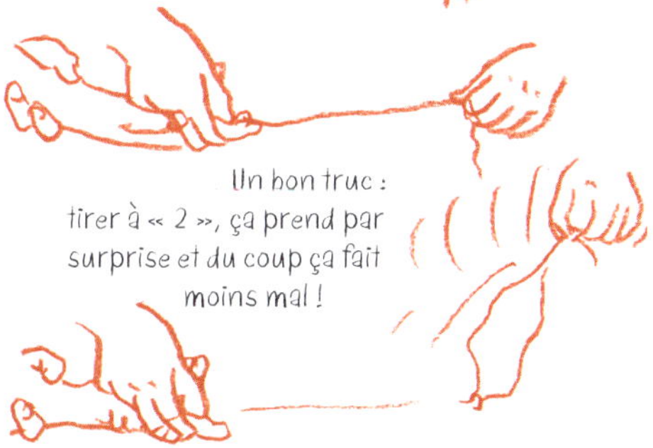

Elle tient les deux bouts enroulés fermement autour de ses doigts, tandis qu'elle maintient la base de l'hameçon bien fermement contre la peau.

Un bon truc : tirer à « 2 », ça prend par surprise et du coup ça fait moins mal !

1, 2... 3 ! En tirant un coup sec, bien au ras de la peau, l'hameçon est dégagé sans dommage !

Pour enlever une épine ou une aiguille d'oursin plantée dans le pied, rien ne remplace l'art, la patience et la délicatesse du Dr Marie. Elle se sert d'une pointe effilée et affûtée en fer de lance, qu'elle désinfecte en la passant à la flamme du feu. Elle se lave bien les mains, et au besoin elle fait tremper le pied dans l'eau chaude pour ramollir la peau. Elle incise en surface, le long de l'épine, en faisant très attention de ne pas la casser. Dès qu'elle le peut, elle dégage un bout en glissant la lame par en dessous et elle l'attrape entre ses ongles...

ON DÉSINFECTE LE « BISTOURI »

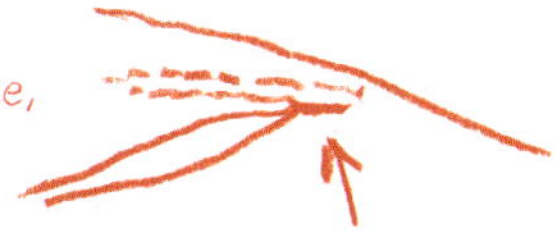

ON INCISE

ON SOULÈVE

Aaaah… c'est bon, de pas se laver ! C'est bon, de s'ensauvager, de se rouler dans la boue ! C'est bon, de ne pas faire sa chochotte… C'est bon, mais même le rude Max finit par faire remarquer à Fañch que rester propre, ce n'est pas juste histoire de sentir bon et d'avoir la classe, c'est aussi une question de santé, pour éviter les infections par exemple, ou pour éviter de donner des maladies aux autres, par exemple parce qu'on ne s'est pas lavé les mains soigneusement avant de toucher la nourriture… Enfin, si on se sent bien, si on fait attention à ce que les autres se sentent bien, le moral est meilleur et la vie plus facile ! Tout le monde y gagne.

SAVON SAUVAGE

Notre savon à tout faire est une pâte de cendre et d'eau douce. Excellent pour les mains, le corps, les dents, et même la lessive, qu'on fait tremper avec dans l'eau chaude. La recette de Tom, d'origine inuit, mêle la graisse de phoque et l'urine fermentée... Heureusement qu'il n'a pas harponné de phoque, car c'est sûr qu'il aurait essayé !

On se récure les dents, plutôt qu'on ne les brosse, à l'ancienne, avec des bâtonnets de bois.

Ultime coquetterie, ou, comme il le prétend, signe qu'il est le seul à avoir une hygiène digne d'un être civilisé ? Pas un jour ne s'écoule sans que Ian ne se passe consciencieusement son « fil dentaire » de nylon entre les dents... Insensible aux moqueurs, il maintient que c'est la seule manière d'éviter les caries, même à des milles et des milles de la première confiserie.

HYGIÈNE FÉMININE

Pas un des quatre garçons n'y aurait songé, c'est Mona qui a posé la question discrètement à Marie... qui lui a expliqué qu'on pouvait bien se débrouiller, quand on a ses règles, avec des chiffons bien propres que l'on plie et que l'on coince dans sa culotte. Les taches de sang s'en vont en faisant tremper ces linges dans de l'eau froide pendant une demi-journée, puis Marie les lessive à l'eau chaude avec de la cendre du feu.
En se baignant plusieurs fois par jour en mer, selon elle, les règles sont moins abondantes, et durent moins longtemps !

LA VIE SANS WC ET SANS PAPIER

« Pourriez pas faire ça dans l'eau, bande de dégueulasses ? » Il est pas content, le Max. Il faut dire que, dans la pénombre, son pied nu a malencontreusement foulé un étron anonyme, à deux pas du camp. Jusqu'ici, tout le monde se débrouillait à sa manière, et les environs sont devenus un peu scabreux : peu importe qui a fait le coup, il nous faut... des toilettes !

OÙ FAIRE SES BESOINS ?

Dans la mer, quand on se baigne (il suffit de nager un peu à l'écart, c'est la moindre des courtoisies. Ainsi, les rencontres avec une crotte flottante sont assez rares).

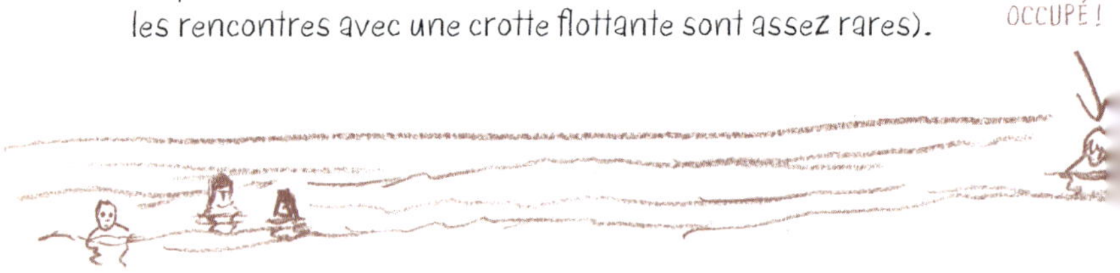

Dans l'eau, depuis les rochers ou sur un côté de la plage, le plus près possible de l'eau, pour que la marée l'emporte... mais ça n'est pas forcément très ragoûtant ni très propre.

Les gars sont priés de faire leurs petits pipis loin du campement, dans la mer ou alors dans l'eau courante, en aval de là où on peut s'en servir.

Déjà mieux, dans un trou, dans le sable ou dans la terre. On creuse à dix ou quinze centimètres de profondeur, pas plus ; on veille à ce que tout atterrisse à l'intérieur, et si on est un ami de la nature, on mélange avec la terre du fond du trou à l'aide d'un petit bâton : ça accélère la décomposition par les bactéries du sol. On referme le trou sur le tout, bâtonnet compris...

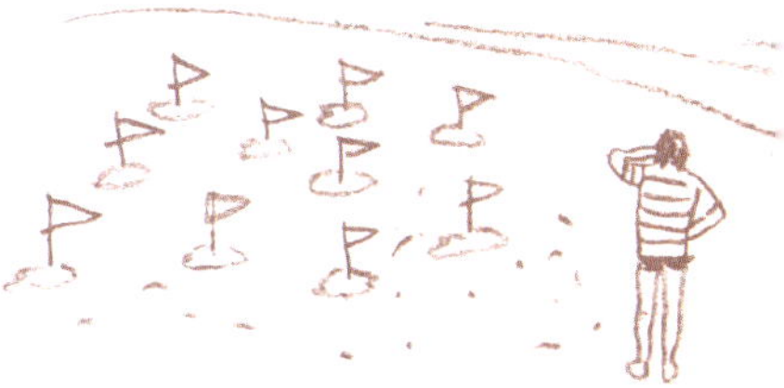

Malheureusement, on ne peut pas faire ça indéfiniment à proximité du camp. Il faut s'éloigner sinon les environs finiront vite par ressembler à un gruyère, le risque de tomber sur les restes d'un prédécesseur n'étant pas négligeable. Surtout, la zone « minée » s'étend et à force, on risque de contaminer le sol et l'eau.

LES DANGERS DU CACA SAUVAGE

C'est une question de propreté, mais aussi de santé : il faut vraiment éviter que nos déjections entrent en contact avec l'eau douce ou avec la nourriture. Dans la mer, tout cela est vite dilué et neutralisé par un tas de bestioles microscopiques, mais aux alentours du camp et du ruisseau, il faut être sérieux. Faire ses besoins à distance et réfléchir : si la pluie tombe, si l'eau ruisselle, si le ruisseau déborde... par où tout cela va-t-il s'écouler ?

Solution vite abandonnée : les latrines, une tranchée de 20 cm sur 1 m, version collective des trous sauvages qu'on faisait jusqu'ici. Ça pourrait être un bon système, mais il laisse entier le problème de la saleté, des odeurs et de la contamination de l'eau... Du coup on doit le faire tellement loin du camp qu'on n'a pas envie de s'en servir. Retour à la case départ.

TOILETTES DE LUXE

Finalement Max, qui prend la question très à cœur, installe des toilettes pour tout le monde… avec une invitation très, très impérieuse à nous en servir.

Un seau, le fond d'un bidon en plastique, avec un peu de sable au fond, façon litière pour chat.

On installe par-dessus une caisse en bois, dont on peut enlever la planche du milieu, et qui sert de siège-couvercle.

On recouvre ses besoins de quelques poignées de sable. Ça n'a pas l'air de trop dissuader les mouches.

Le seau est vidé régulièrement (au moins une fois par jour !) et lavé dans la mer, à marée descendante… pas juste au pied du campement, plutôt de l'autre côté…

Pour la nuit, ou quand il pleut, on évite la tentation du pipi-caca-par-terre-à-deux-pas-du-camp en descendant les toilettes plus près de notre maison commune (les soirs où on y pense, du moins).

Nos « toilettes » sont juste un peu à l'écart du camp, en hauteur, dans les rochers. On y est hors de vue du campement, mais avec une perspective sur l'océan magnifique. Un coin qui porte à la méditation, à la paix, et c'est ce qui convient à l'activité auquel il est consacré.

C'est peut-être le seul endroit peinard où l'on n'est pas en train de courir, de chercher à manger, de préparer à manger, de construire, réparer, aménager, fabriquer de nouveaux trucs pour la vie de tous les jours...

Y'A PAS DE PAPIER !

Quand on se soulage en mer, ce n'est pas un problème, mais... pour le reste, on a passé en revue pas mal de solutions.

PAS FAMEUX, MAIS FONCTIONNE :
Les feuilles, les écorces, les bouts de bois, les petites pommes de pin (celles qui sont encore fermées et lisses !).

TRÈS HYGIÉNIQUE :
L'essuyage à l'eau et à la main, sans doute le plus propre : on fait couler un peu d'eau prise dans le creux de la main, ensuite on se nettoie soigneusement... et après, on se lave encore plus soigneusement la main !

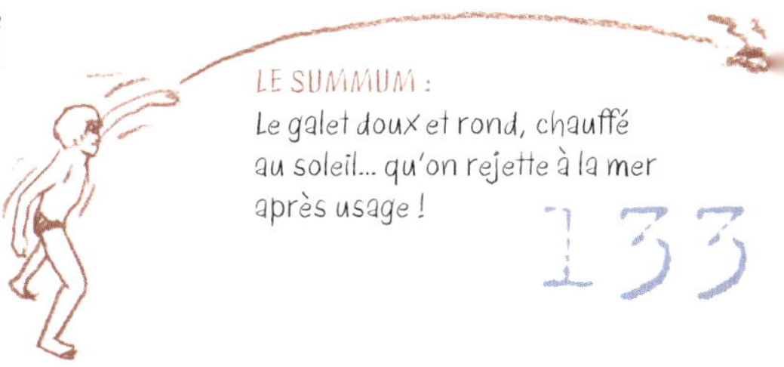

LE SUMMUM :
Le galet doux et rond, chauffé au soleil... qu'on rejette à la mer après usage !

LES GARS, LÀ,
DANS LES ÎLES À COCOTIERS,
ILS EN ONT RIEN À FAIRE DE TOUT ÇA !
C'EST FRUITS EXOTIQUES
ET BRONZETTE TOUS LES JOURS,
POUR EUX... LA MÉTÉO, ÇA EXISTE
MÊME PAS, LÀ-BAS !

IAN

LA PLUIE ET LE BEAU TEMPS

Le beau temps, cet été, est de règle... avec des bonnes grosses exceptions ! Les passages de mauvais temps suivent un scénario plutôt répétitif : on apprend à les voir venir, et à deviner quand ça va se calmer. Pas besoin de connaître les noms des nuages en latin pour ça !

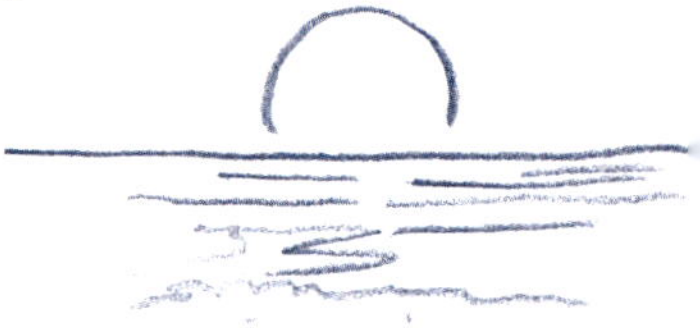

IL FAIT BEAU, ET C'EST PARTI POUR DURER !

Quand le soleil et le ciel rougeoient au couchant, quand les étoiles scintillent fort dans la nuit, on peut avoir confiance dans le temps du lendemain. Si, au matin, le soleil se lève bien clair, ou qu'il y a de la rosée, de la brume posée au ras de l'eau ou qui stagne dans les creux du paysage, ça se confirme !

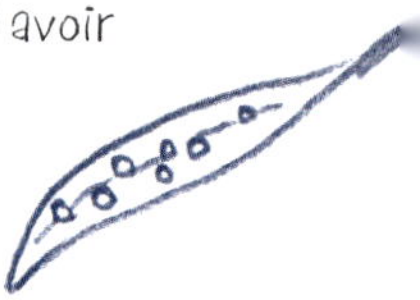

Par beau temps bien installé, il y a des petits nuages qui se forment au-dessus des terres à partir du début de l'après-midi, qui vont grossir au fil de la journée, comme des gros choux-fleurs, et disparaître dans la nuit.

L'araignée a un don pour la météo : si elle sentait le mauvais temps venir, elle ne passerait pas la matinée à tisser sa toile.

Il n'y a pas de vent, et la fumée du feu monte droit dans l'air... Ça aussi, c'est bon signe !

Le vent du beau temps, pour peu qu'il y en ait, c'est un gentil souffle frais de nord-est. À cela s'ajoutent les brises de beau temps que fait naître le soleil : petit vent doux venu de la mer qui se lève dans l'après-midi, qui retombe au couchant, et qui repart, dans l'autre sens, en fin de nuit. Plus le soleil tape, plus ces brises salutaires sont fortes !

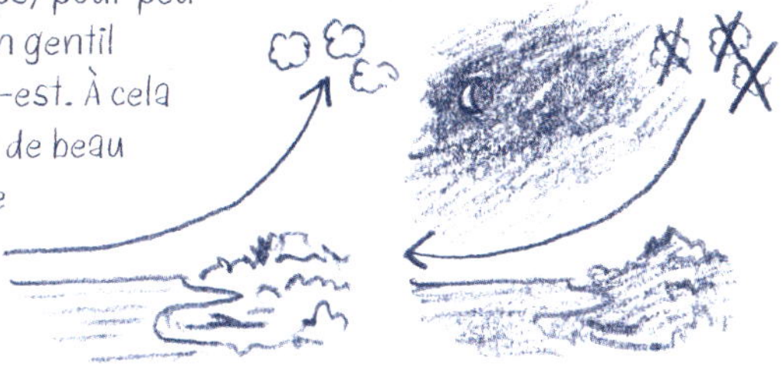

ÇA VA PEUT-ÊTRE BIEN SE GÂTER...

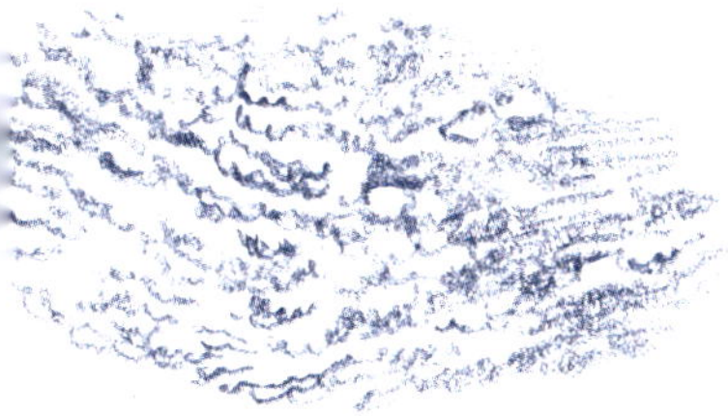

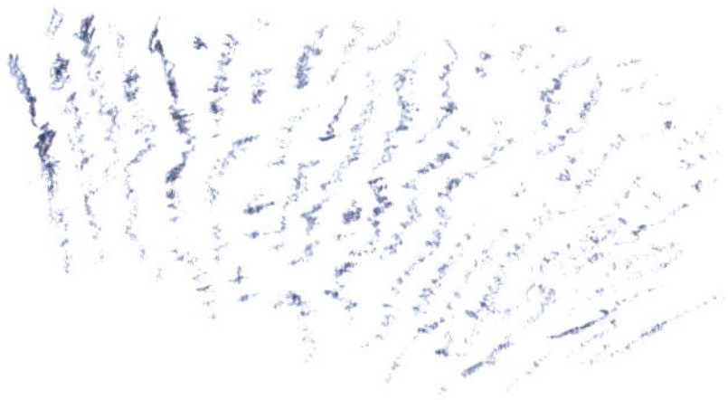

C'est d'abord le ciel bleu qui a viré au blanc, au gris très clair... Les nuages pommelés en haute altitude annoncent un changement de temps à venir.

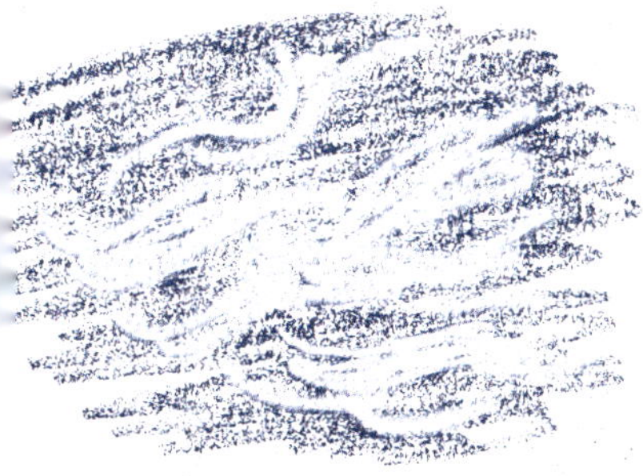

Les filaments en altitude indiquent des vents forts, là-haut ; ils pourraient bien descendre jusqu'à nous.

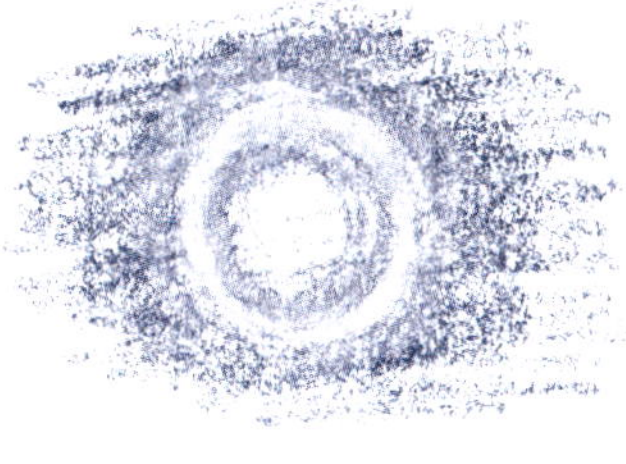

Des filaments un peu flous en altitude, ou un voile qui fait halo autour du soleil confirment l'arrivée d'un temps moins clément.

TOUS AUX ABRIS !

Les plantes se préparent à la pluie : par exemple, le pissenlit se referme.

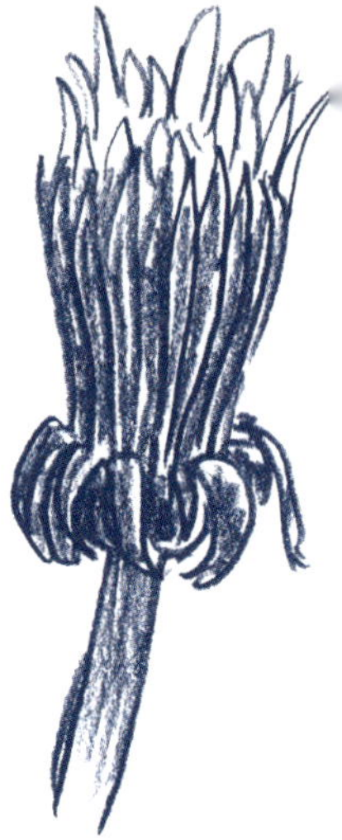

L'escargot sort de sa cachette ombragée pour profiter de l'averse providentielle… et nous, on ferait mieux de rentrer.

L'humidité de l'air augmente : les herbes sèches, le varech séché s'assouplissent ; on le sent même dans les cheveux qui se font moins raides. Les odeurs des plantes et de la terre se renforcent, le fond de l'air fraîchit, l'ondée arrive !

Les nuages s'épaississent, ils s'assombrissent. Les gentils cumulus ont grossi et s'élèvent en colonnes ; quand ils commencent à prendre des formes de champignon ou d'enclume, c'est la grosse, grosse averse qui s'annonce !

Une impression de temps lourd a petit à petit plombé l'atmosphère, les moucherons et autres insectes volent bas (les oiseaux ou les chauves-souris qui les chassent aussi)… c'est signe d'orage.

LE TEMPS EST POURRI, ET IL VA LE RESTER

Un épais tapis plombé se déroule sur nos têtes depuis l'ouest ou le sud-ouest, avec de la pluie, des averses prolongées de bruine... Même sans vent, il pleut. Bref, on est coincés sous le couvercle pour un bout de temps encore. Ça dégouline, on mange des soupes d'algues moroses et on rumine en pensant aux mers du Sud.

PROMESSES DE SOLEIL

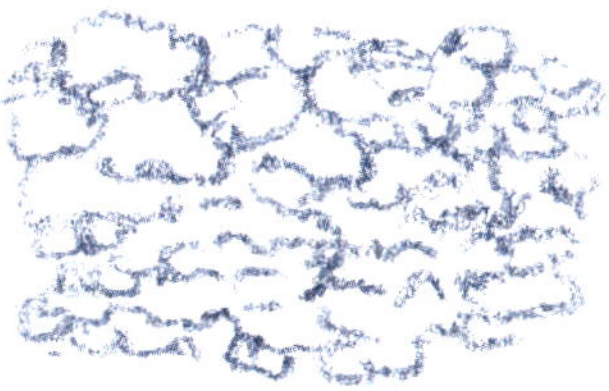

Le ciel se contraste, il y a des zones blanches et même par endroits des trouées dans le gris, les averses s'espacent...

Même si on a encore des passages de bruine, et même si, sans éclaircie, il reste comme un voile de brouillard à quelques centaines de mètres du sol, ça pourrait bien se dégager pour de bon.

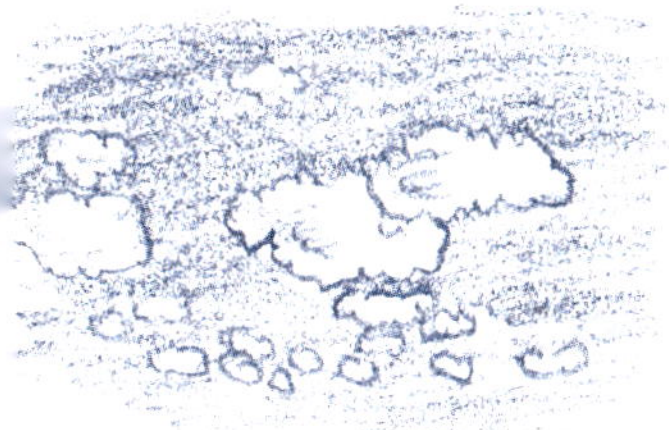

Le vent passe au nord-ouest, il tourne tranquillement vers le nord-est, plus frais... et plus sec ! Les gros nuages ronds s'en vont, les étoiles réapparaissent dans le ciel nocturne. Demain le soleil brillera !

JE TE VOYAIS PLUTÔT
DU GENRE QUI COUPE,
PAS TROP DU STYLE QUI DÉMÊLE.

MARIE

NŒUDS ET CORDAGES

Avec l'eau, la nourriture et les copains, voilà sans doute le dernier truc vraiment vital : des cordages, du « bout' », comme disent les marins, plein de cordages solides, de tailles différentes, pour tout faire et tout construire... On en récupère, on en fabrique, on en défait, on en refait, et on s'exerce à s'en servir de la meilleure manière possible, sans en perdre le moindre centimètre !

Emmêlés dans les algues abandonnées par la marée, sur la laisse de mer, on trouve des fils et des cordages de toutes sortes, le plus souvent perdus ou jetés par les pêcheurs. On ramasse tout, grosses amarres, filins raides de sel et recuits par le soleil, lignes de pêche — parfois encore équipées de leur précieux attirail ! —, innombrables petites chutes bonnes à tout attacher ou filets déchirés. On va les chercher au fond des crevasses entre les rochers, et dès qu'on en voit un bout qui dépasse du sable, on creuse pour récupérer le reste...

ATELIER DÉMÊLAGE

Pour démêler tous ces cordages sans péter un câble, ca peut aider d'avoir quelques « épissoirs » sous la main : des gros clous, des pointes et des bouts de bois durs et pointus qu'on enfonce dans les nœuds pour les desserrer ensuite. C'est mieux aussi d'être à plusieurs, histoire de ne pas perdre patience !

Qu'est-ce qu'on peut faire d'une grosse amarre toute raide de cinq centimètres d'épaisseur, de tous ces morceaux de cordages effilochés, de gros filets défoncés, inutilisables pour la pêche, pleins de nœuds impossibles à défaire ? Rien ! Du moins en l'état. Par contre, on peut les défaire et s'en servir pour en fabriquer de nouveaux, plus adaptés à nos besoins.

CORDAGES NATURELS

Dans les terres aussi, on trouve de quoi faire des cordages. Pas aussi solides que le nylon et autres fibres plastiques, mais bien pratiques quand il faut attacher des trucs et qu'on n'a rien d'autre sous la main.

Tiges de grandes orties (eh oui, celles qui sont trop coriaces pour passer à la soupe !), de chardons

Lanières d'écorce

Tiges de saules, que l'on peut fendre dans le sens de la longueur.

Avec ces matériaux naturels, on ne peut pas vraiment faire de nœuds. Ils faut les entortiller puis replier le tortillon, à la manière dont les moissonneurs liaient autrefois les bottes de paille.

TRESSER

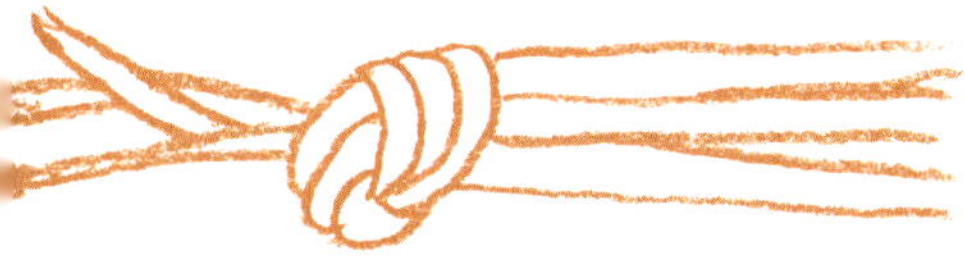

Une bonne méthode pour réunir trois cordages fins, ou plus : on les tresse ensemble, comme une natte de cheveux.

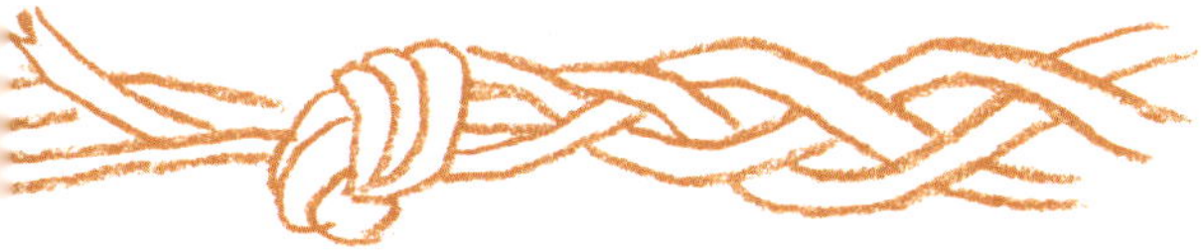

Quand il faut rallonger un des brins, on le tresse avec le suivant en les faisant se chevaucher.

FAIRE UN CORDAGE

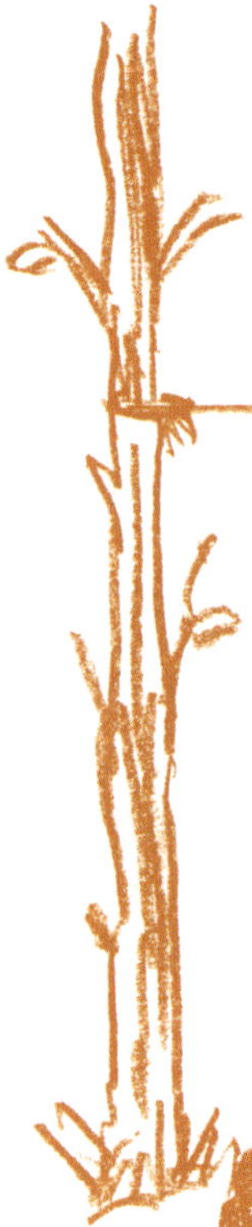

Pour fabriquer du cordage, on entortille des fils fins ensemble de telle sorte qu'ils se renforcent les uns les autres, et si possible, que les points faibles des uns ou les raccords entre eux soient consolidés par les autres.

Avec des poignées de fils bien peignés, ou du cordage fin, on fabrique un « toron » (un brin du futur cordage). Pour ça, on attache les fils à un bout, et on progresse en les entortillant à fond, toujours dans le même sens.

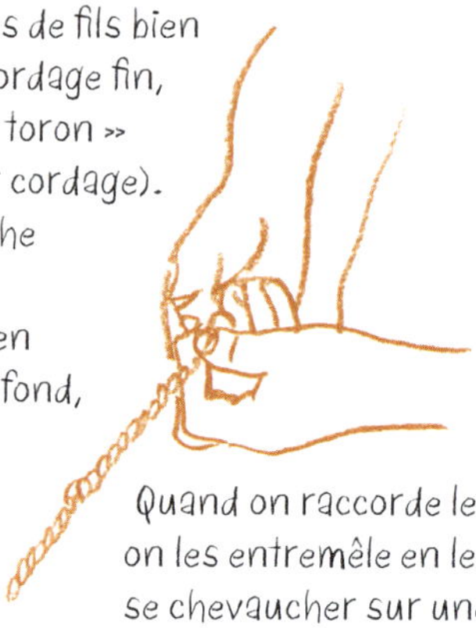

Quand on raccorde les brins, on les entremêle en les laissant se chevaucher sur une bonne quinzaine de centimètres.

À deux, on travaille face à face, en tournant en sens contraire… Gros gain de temps, mais il faut maintenir le toron sous tension.

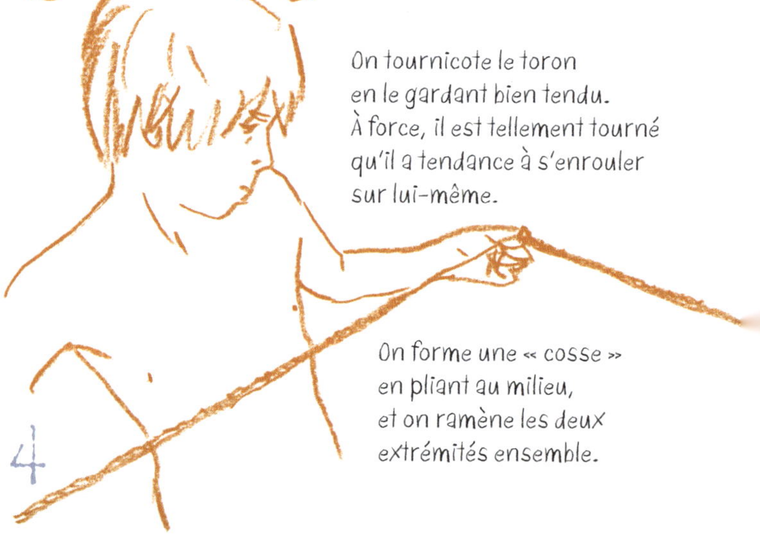

On tournicote le toron en le gardant bien tendu. À force, il est tellement tourné qu'il a tendance à s'enrouler sur lui-même.

On forme une « cosse » en pliant au milieu, et on ramène les deux extrémités ensemble.

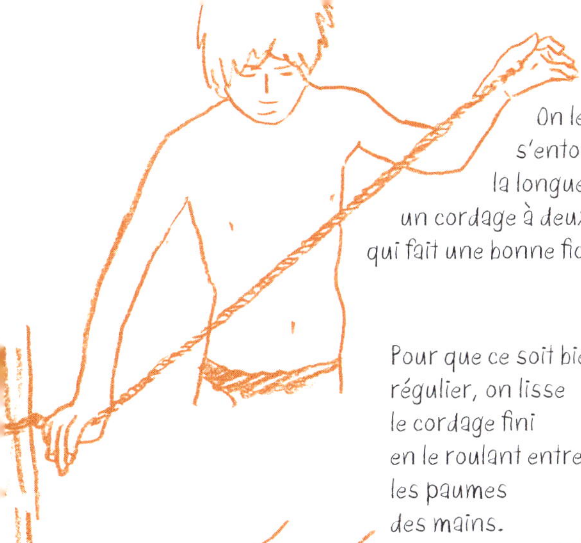

On le laisse s'entortiller sur toute la longueur. On obtient un cordage à deux brins, souple, qui fait une bonne ficelle.

Pour que ce soit bien régulier, on lisse le cordage fini en le roulant entre les paumes des mains.

Pour faire un cordage plus solide, plus raide et plus résistant, il faut un troisième toron : on l'entortille de la même manière et on l'insère entre les deux précédents, en « tirebouchonnant » tout autour du cordage.

Pour ne pas que les cordages synthétiques finissent en « queue de vache », on fait fondre les bouts à la flamme, et on les lisse sur une pierre plate pour bien souder les fils entre eux.

Pour faire un cordage fin et solide en boyaux de goéland, il vous faut : les tripes d'un goéland, et quelqu'un de pas dégoûté pour les nettoyer longuement... Mona les pince bien pour les vider et les rince abondamment à l'eau de mer. Après, c'est moins répugnant : il reste un fin ruban translucide d'un peu plus de deux mètres, qu'elle attache d'un côté à une branche d'arbre et, de l'autre, à un petit bout de bois, pour le toronner comme d'habitude. Mona laisse le tout sécher dans le vent, avec un poids accroché au bout, et c'est vrai que ça fait une très bonne cordelette.

LES 5 NŒUDS POUR TOUT FAIRE OU PRESQUE

On dit que ce sont des nœuds de marins, parce que sur les bateaux, ça ne rigole pas avec la manière de se servir des cordages... mais en fait ils servent tout le temps, même à terre !

NŒUD DE CHAISE

Il faut prendre le temps de l'apprivoiser, mais on peut compter sur lui, et il reste facile à défaire, même très serré. Si la boucle se tend et se détend par à-coups, à la longue, il risque de se défaire tout seul, sauf si on a fixé l'extrémité avec une demi-clef supplémentaire.

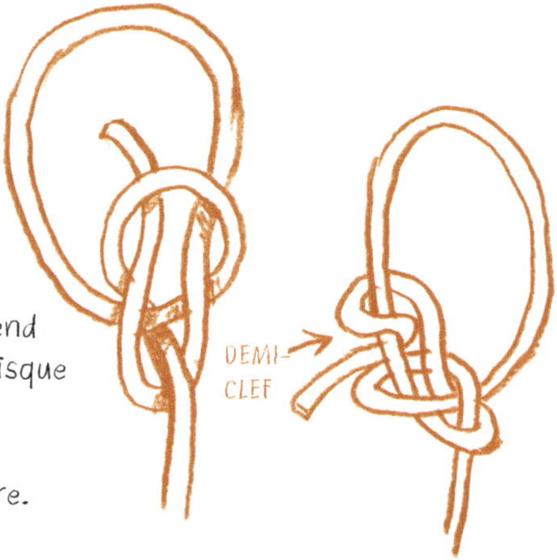

UN TOUR MORT ET DEUX DEMI-CLEFS

Ce nœud permet d'attacher n'importe quoi solidement. Il est facile à faire, même quand le cordage est sous tension : on commence par faire un tour, qui encaisse toute la tension, et après on fixe l'extrémité tranquillement.

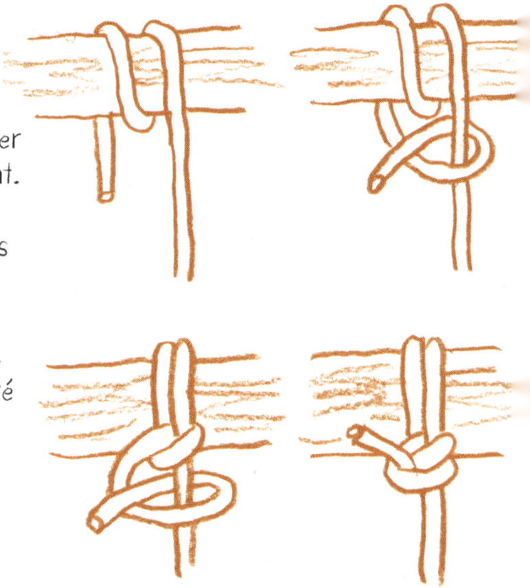

NŒUD PLAT

Dans la version où on le finit avec des boucles, faciles à défaire, c'est sans doute le nœud le plus connu : tout le monde attache ses lacets comme ça !
C'est un bon nœud pour fermer un sac, attacher un fagot, etc.
Il tient bien, du moment qu'il est fait dans le bon sens (bien à plat, pas en croix) et qu'il est serré SUR l'objet en question. Il n'est pas fiable pour rabouter deux cordages.

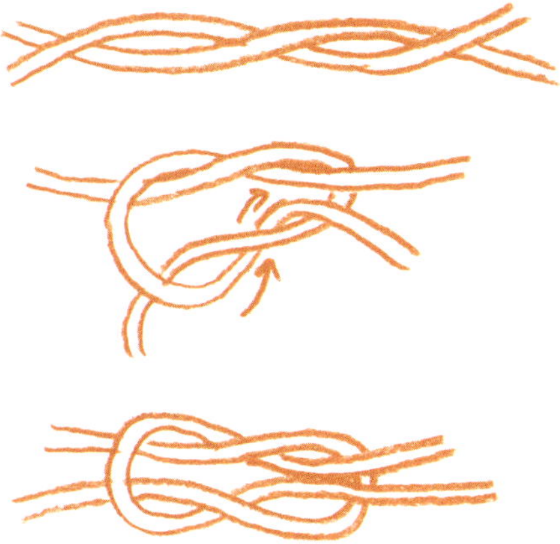

NŒUD DE CARRICK

Il est un peu moins connu que les autres, car il a l'air un peu plus compliqué, mais... l'essayer, c'est l'adopter ! Il sert à réunir deux cordages bout à bout, il est fiable, et restera toujours facile à défaire.
On le noue avec un peu de rab' aux extrémités, car quand on le serre, il se retourne sur lui-même.
C'est normal !

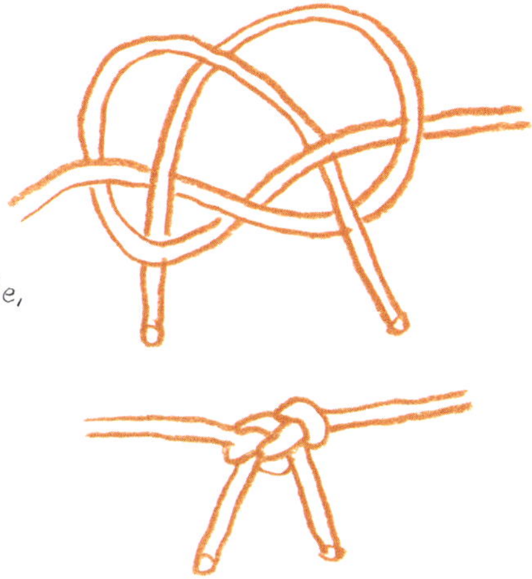

NŒUD DE CABESTAN

Un nœud rapide pour attacher des objets qui ne risquent pas de rouler sur eux-mêmes... Sinon il vaut mieux faire un nœud de chaise ou, plus facile, un tour mort et deux demi-clefs.
D'ailleurs, ces deux demi-clefs, c'est encore un nœud de cabestan, mais sur le cordage lui-même !

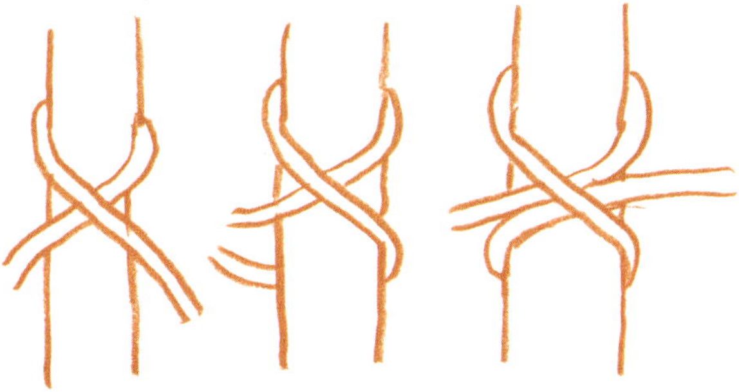

SUR ET SOUS LES EAUX

Chacun a gardé précieusement le gilet de sauvetage qu'il portait en arrivant. Heureusement ! Ce n'est pas demain qu'on prendra le large avec notre flottille d'engins flottants non identifiables !

DIFFÉRENTES SORTES DE SOUS-MARINS

Le radeau de roseaux de Max est inspiré d'antiques embarcations égyptiennes. Il s'enfonce sous le poids de son passager avant de le désarçonner impitoyablement. En fait, c'est la barque d'Osiris, le dieu des morts !

Il s'essaye au surf avec son radeau, qui se disloque glorieusement dans les rouleaux.

A priori, une palette, c'est déjà pour ainsi dire un radeau. Malheureusement, pour qu'il flotte avec quelqu'un dessus, il faudrait fixer beaucoup, beaucoup de bidons en dessous. La stabilité s'avère elle aussi problématique.

À l'envers, finalement, ça fait une assez bonne plate-forme de baignade.

LE VAISSEAU AMIRAL

Seigneur blanc des glaces, il affronterait le plus fier des paquebots. Comme ses passagers, la plupart du temps, il est presque complètement immergé, dérivant plus qu'il n'avance. En toute logique, nous l'avons baptisé « Iceberg ». Par temps calme, cette carcasse de frigo peut emporter deux marins de corpulence moyenne, avec des planches en guise de pagaies et beaucoup de sang-froid !

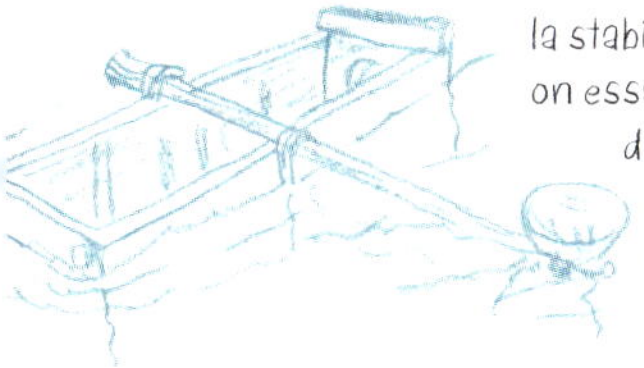

Pour améliorer un peu la stabilité de l'engin, on essaye de l'équiper d'un balancier avec un flotteur au bout. Pas mal, mais le navire est encore plus difficile à manœuvrer !

Quand on chavire, le navire se remplit d'eau, on ne peut pas remonter à bord. Il faut le ramener au rivage en le poussant : raison de plus de ne pas prendre le large.

En le lestant de galets calés au fond, on flotte encore un peu moins, on coule plus vite, mais on chavire... moins souvent. Quand ça arrive, il faut plonger pour enlever les pierres, sinon le navire reste posé au fond.

On ne part pas sans écope, pour vider l'eau qui embarque par-dessus bord.

LA TRANSATLANTIQUE, CE SERA POUR UNE AUTRE FOIS

Même avec les indispensables gilets de sauvetage, on ne s'éloigne pas de la côte. Il faut pouvoir revenir vite, et en plus, les courants et les vents sont plus forts dès que l'on s'écarte du bord !

On ne s'aventure sur les flots que quand le vent porte vers la côte, jamais quand il souffle vers le large.

Les courants de marée sont difficiles à imaginer quand on est à terre... Ce qui est sûr, c'est qu'il ne faut pas compter sur la marée montante pour nous ramener à bon port.

EN AVANT LA BRUISIQUE !

Ce soir, c'est la pleine lune. On s'est promis de faire une fête grandiose, de donner à l'astre de la nuit et à toutes les étoiles le plus beau, le plus sauvage des concerts. L'île résonne d'accents barbares, de mugissements monstrueux... Chacun s'accorde à sa manière, en attendant la nuit.

Tous les bidons sont évidemment bons pour faire du ramdam, surtout cet énorme fût d'huile tout mangé par la rouille dont on ne savait pas trop quoi faire jusqu'à présent. Tonitruant ! La gamelle est également réquisitionnée pour les besoins de la section « percussions ».

Ça n'a l'air de rien, mais avec deux coquilles Saint-Jacques frottées « dos à dos », Tom s'est fait une crécelle à faire saigner les tympans !

En faisant tournoyer un bout de gaine électrique, façon hélico, Fañch lui fait émettre de fantomatiques mugissements.

Non moins pathétiques, les appels déchirants de son « tuba » dont il joue comme d'une trompe : le tuyau d'un vrai tuba de baigneur !

Avec des bouts de roseaux, de tuyaux, de flacons vides, Mona s'est fait un attirail de sifflets dont elle joue comme d'une flûte de pan, du petit capuchon suraigu à la bouteille de soda, aux accents de corne de brume.

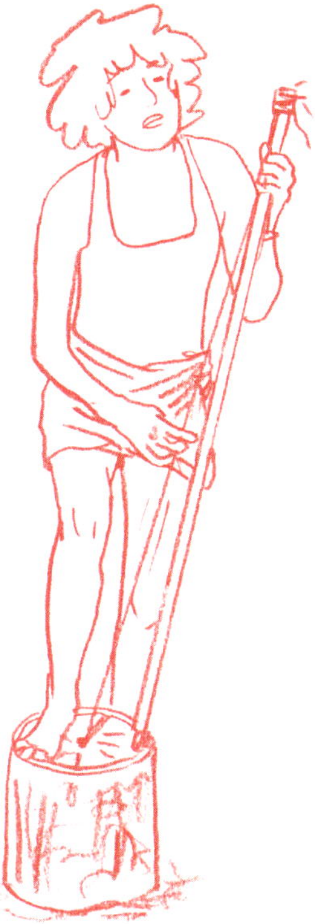

Le cor de Max est un bout de tuyau d'eau, avec pour embouchure un goulot de bouteille en plastique enfoncé à un bout ; un autre goulot, sert de pavillon, à l'autre bout.

Classique des ensembles de jazz improvisés, la contrebassine de notre orchestre est un grand seau : le fond est traversé par un gros fil de nylon noué sur un bout de bois. L'autre bout du fil est fixé au bout d'un bâton. La mélodie naît en jouant sur la tension du fil avec le bâton.

Comme les cartouches d'encre au collège, les capuchons en plastique, les bâtonnets fluorescents usagés jetés par les pêcheurs (ça leur sert d'appât), les tubes de médicament... font d'excellents appeaux, bien sonores ! Fañch apprend à Tom comment on fend le côté fermé sur quelques centimètres. On souffle fort, en tenant avec les lèvres au-delà de la partie fendue... Si ça se bloque, on écarte un peu les côtés, ou on fend plus loin. Si ça souffle sans vibrer, il faut resserrer un peu, ou alors c'est trop fendu, ou alors pas assez proprement !

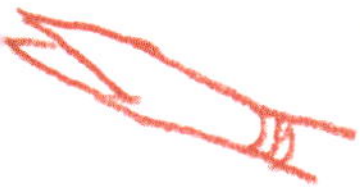

Marie aplatit un bout d'une paille à boire et la taille en pointe. Elle la prend entre ses lèvres, un peu plus loin, sans que la langue ou les dents touchent. En soufflant fort, elle pince progressivement les lèvres jusqu'à ce que cette sorte de hautbois ou de bombarde veuille bien sonner. On peut percer des trous pour moduler le son, ou juste jouer sur le souffle et la position des lèvres.

LA FÊTE SOUS LA LUNE

Tous ensemble, on a préparé le plus gros tas de bois de tous les temps, et puis, chacun de son côté, on a élaboré des tenues à la hauteur de la nuit qui s'annonce. Bientôt les flammes s'élèvent, notre orchestre cacophonique se déchaîne, accompagné d'un chœur barbare et joyeux. Dans le bruit, dans la danse, nous célébrons notre rêve de vie sauvage.

Max et Marie se sont peint sur le corps des costumes de squelettes à la cendre mêlée d'eau.

La meilleure pêche de l'année, c'est Tom, empêtré dans son filet, avec sa récolte de crabes et de varechs séchés !

Ce monstre chevelu, hirsute, luisant, surgi des vagues, c'est Ian, sous sa perruque de goémon et les paquets de laminaires dont il s'est drapé. Il a troqué ses lunettes contre deux berniques percées, tenues par du fil de nylon.

Fañch, dans sa tenue d'homme des bois, lance vers le ciel l'appel lugubre de son tuba improvisé.

Mona joue la reine de la nuit, enduite de charbon écrasé, constellée d'étoiles de mer séchées.

Un navire a pointé son étrave en plein
dans nos vies de naufragés ! Enfin !...
L'heure du retour a sonné. Retrouver les nôtres,
familles et copains, retrouver les frites
et les gros steacks bien saignants,
les bains chauds et la glace au chocolat
avec de la chantilly ! Enfin !...

Enfin ?… Déjà ? On va vraiment rentrer à la maison, en laissant tout derrière nous, repartir comme on est arrivés, comme si de rien n'était ?

FAUT-IL REPARTIR ?

Max nous entraîne, alors qu'on s'attarde un peu. OK, on rentre, mais c'est pas pour retrouver notre train-train d'avant. Pas après tout ce qu'on a vécu ici, tout ce qu'on a fait alors qu'on n'aurait jamais cru qu'on en était capables !

Ce qui compte, c'est pas l'île,
c'est la vie qu'on a inventée ici.
On part avec ! ça restera toujours là,
en nous, pour toute la vie.

iAN
mona
Tom